基础教育的高质量发展
——中学校长访谈录

作　者：陈志文

总策划：张晓君

成　员：李马英夏　徐明磊　冯　蕾　任　雯　陈小红

基础教育的高质量发展

中学校长访谈录

陈志文◎编著

人民出版社

责任编辑：王彦波

封面设计：汪　阳

图书在版编目（CIP）数据

基础教育的高质量发展：中学校长访谈录 / 陈志文　编著 . —

北京：人民出版社，2022.1

ISBN 978 − 7 − 01 − 024454 − 9

I. ①基…　 II. ①陈…　 III. ①基础教育 − 研究 − 中国　 IV. ① G639.2

中国版本图书馆 CIP 数据核字（2022）第 013331 号

基础教育的高质量发展

JICHU JIAOYU DE GAOZHILIANG FAZHAN

——中学校长访谈录

陈志文　编著

人民出版社 出版发行

（100706　北京市东城区隆福寺街 99 号）

北京九州迅驰传媒文化有限公司印刷　新华书店经销

2022 年 1 月第 1 版　2022 年 1 月北京第 1 次印刷

开本：710 毫米 × 1000 毫米 1/16　印张：17.25

字数：231 千字

ISBN 978 − 7 − 01 − 024454 − 9　定价：89.00 元

邮购地址 100706　北京市东城区隆福寺街 99 号

人民东方图书销售中心　电话（010）65250042　65289539

目　录
Contents

顾明远：教育观念的转变要靠社会的发展 (代序)

一、从实践到理论，扎根基层做教育

陈志文：您的经历很丰富，也做过很多方面的工作，有过很多身份，您更喜欢大家怎么称呼您？为什么？

顾明远：顾老师，因为我是老师。我已经工作 70 多年了，小学老师出身，之后又做过中学老师、大学老师，我始终都是一个老师，所以更愿意别人叫我老师。我也曾在中国教育学会当了 12 年会长，在大学当过 7 年副校长，但这些身份都会变，只有老师这个身份一辈子都不会变。

陈志文：您是哪年参加工作的？

顾明远：我在新中国成立前就参加工作了。从初中开始，我在学校的功课一直名列前茅，尤其是数学。但由于家境的原因，无法供我上大学，我因此曾一度很消沉，但又不太甘心。1948 年，我报名参加了高考，当时清华、北大、南开等学校联合在各地招生。我那时年轻气盛，抱着工业救国的理想，报考了清华建筑系、上海交大运输管理系等当时被认为是最好的大学和最好的专业，但都落榜了。

同年，经人介绍，我在上海私立荣海小学当了一名老师，教五年级语文和算术。当时我刚刚高中毕业，不知道该如何当老师。但这段经历让我对教育有了一定的了解，觉得培养孩子们成长很有意思，就热爱上了教师这一职业。

第二年，1949年我报考了北京师范大学，想学习怎么当老师，也圆了我的大学梦。在北师大学习时，都是大师级的教授给我们授课。有董渭川先生教授的教育方针，林砺儒先生教授的中等教育，邱椿先生教授的外国教育史，薛鸿志先生教授的教育统计学，周先庚先生教授的心理学等专业课程。也有侯外庐先生教授的社会发展史，胡明先生教授的政治经济学等新中国成立后新开设的课程。还有团中央的领导来讲团队工作，内容非常丰富，并且非常重视理论联系实际。

在北师大读了两年后，1951年我接受国家安排去苏联莫斯科学习了5年，当时我被分配到了国立莫斯科列宁师范学院（现已改名为莫斯科国立师范大学）。苏联师范教育很重视学科专业理论和教育专业理论的学习，也就是我们通常说的学术性和师范性的结合。各系课程除学科专业课外，还有教育学、心理学、教材教法、教育史等教育专业课程。同时，苏联师范教育也很重视教育见习和实习。一年级开始，老师就会带着同学们到中小学见习；在三年级和四年级，还要进行两次教育实习。

在大学学习的这7年，虽然没有当老师，但也跟当老师有关系，就是学习如何当老师。从苏联回来后，我被分配到北京师范大学当老师，1958年又去北师大附中待了4年，担任教导处副主任，同时教俄语课。

陈志文：您的经历与新中国的发展完全同步。

顾明远：是的，我的成长可以说是跟新中国同步的。

陈志文：您是从什么时候开始做教育研究的呢？

顾明远：1962年，我调回到北师大教育系，开始在北师大教课，也做一些研究。

陈志文：您是先当老师，再去念书的，这与别人有些不太一样。现在从事教育研究的研究者，像您这种经历的人不多，很多研究者往往缺少一线的教育教学实践经验，不够接地气。

顾明远：是的，现在很多研究人员都是大学毕业后直接读的硕士、博士，缺少基层工作经验。

我是从小学老师做起的，做过中学老师，还在师范院校做过培养老师的老师。我们经常说，师范院校是培养老师的工作母机。我的工作一直与基层有联系，没有脱离过基层，在基层当教师的体验比较深。

我知道老师们的疾苦，了解基层老师们的心声，总结了一些做老师的经验。我无论是讲课，或者去中小学作报告，老师们都能听懂我说的话，因为我讲的内容主要是反映和总结他们的经验。与其他研究者相比，我对于中小学老师们来说，可能更有一种亲切感。

陈志文：我觉得还有一点，用现在时髦的话讲，您的论文是写在大地上的，是写在基层的。

顾明远：是的，我的教育理论都是扎根于基层的。我认为，我自己没有创造多少理论，主要是总结老师们的经验。

陈志文：总结老师的经验，解决老师的问题，您教育理论的这种指向和导向是非常明确的，而不是从理论到理论。

二、没有爱就没有教育，没有兴趣就没有学习

陈志文：在您所有的教育研究成果中，无论是政策还是理论，您认为哪一点是值得骄傲的？

顾明远：根据这一辈子从事教育工作的经验，我总结了四句话："没有爱就没有教育，没有兴趣就没有学习，教书育人要在细微处，学习成长要在活动中。"我认为，我们的教育如果按照这四句话来做，就能够把孩子们培养成才。

其实，这四句话中，有些观点不是我发明的，很早就已经有人这么讲了，表达方式可能不一样，但意思是一样的。我自己没有创造多少理论，但这四句话还是被广大老师所接受的。

陈志文：这四句话是您教育实践和教育研究精华的总结和提炼。如果拿这四句话对照我们这些年的教育发展，您觉得我们的教育做得怎么样？

顾明远：在我们的教育实践中，我觉得还有一些差距，这四句话总结了优秀教师的经验，不是所有教师都做到了。

陈志文：也就是说，您提到的这四点是比较高的要求。

顾明远：是的。比如，"没有爱就没有教育"，有很多老师也许已经认识到要爱孩子，但还没有完全理解爱的内涵。什么是爱，该怎么爱？多布置一些作业是不是爱，要求更加严厉一些是不是爱，动手管教学生是不是爱？很多家长和老师受到传统教育思想的影响，对于爱的理解存在许多误区，比如溺爱，满足孩子的一切要求，再比如强制，用权势甚至是暴力逼迫孩子。

爱是情感的体现，但必须建立在理性的基础上。真正的爱是要孩子能够在德智体美劳诸方面都得到发展，潜能得到充分发挥，有健全的人格、开朗的性格，这样才能有幸福的人生。

我觉得，爱，最主要的还是要信任孩子、尊重孩子。相信每个学生都要求进步，能够成长、能够成才；尊重每个学生，做到互相信任。教师要善于和学生沟通，平等地对待每个学生，了解学生的思想、学习和生活，了解学生的需要。学生合理的需要要给予满足，不合理的需要要加以引导，特别是不能伤害孩子的自尊心。

此外，就像苏霍姆林斯基讲的，老师要把全身心献给孩子，一生为了孩子的成长。老师的这种爱，不同于父母的爱，是对儿童的爱，对民族的爱，是不求回报的爱。

陈志文：您说的这点我深有感触，这是一种对孩子成长的关爱。

顾明远：是的。第二句话是"没有兴趣就没有学习"，这是我在现实教育实践中体会到的道理，强调学生的主体地位。现在很多家长和老师为了学生的升学，以分数来评价学生的好坏，觉得分数考得好了，就算教育质量高了。我认为，这是对教育质量观没有正确的认识。真正要让学生成才，就要启发学生的兴趣爱好。

决定学生学习兴趣的是他的学习动机，即人的一种内驱力，是人的活动的内在动机。从心理学来讲，人的行为总是有一种动机在驱动，学生的学习也有动机在驱动。动机有外部动机和内部动机之分。父母、教师的奖励和惩罚，迫使学生学习，这是一种外部动力。这种动机是短暂的，父母或教师的奖惩过去了，这种动机就会消失。只有内部动机才是持久的。内部动机是什么？就是对学习本身的兴趣，当一个人对某一学科、某种知识感兴趣，就有一种深入探究的冲动，促使他去追求。

学习兴趣对学校教学很重要，对一个人的学习和成长也非常重要。对教师来说，培养学生的学习兴趣是人才培养的重要一环。对学生来说，如果对学习缺乏兴趣，学习就不会刻苦，考试成绩即使上去了，将来也很难有什么成就。

第三句话是"教书育人在细微处"。儿童的感情是很丰富、很敏感的，也是很脆弱的，尤其是低年级的学生。教师，特别是幼儿园、小学的教师，在教育孩子时要注意细枝末节。教师的行为具有示范性和长效性。所谓示范性，就是学生以教师为榜样，向教师学习。教师的一言一行都在学生眼里，被学生模仿。所谓长效性，就是教师的教育在学生身上的影响是长远的。有时教师不经意的、无心的一句话，恰好说到学生的心坎上，他就会记住一辈子。鼓励的话会记住一辈子，批评的话也会记住一辈子。

第四句话是"学习成长要在活动中"。学生成长不是靠教师的说教，而是靠学生自己的活动。活动既指学校课堂上的活动，也指在家庭中的活动、课外活动，是指学生参与的一切活动。实践活动是最好的老师，在活动中学生能够学会遵守规则、克服困难、对自己的行为负责等。当然，道理还是要讲的，但要真正让学生理解和付诸行动，还必须让学生在活动中体现。学生的活动并非指学生的肢体动作，更重要的是学生的思维活动。

我希望，我们基层的老师要认识到这四句话，并且能够真正理解，真正执行。

陈志文：其实，只有把这四句话的精神真正透彻地理解到位了，才有可能做到。

顾明远：没错。要真正理解这四句话的内涵，理解爱的内涵。

另外，我还有一个观点就是，适合每一个学生的教育才是最好的教育，也就是过去讲的因材施教。通俗一点讲，就是教育要适合每一个孩子的发展，因为每个孩子都是不同的。

陈志文：实际上，您说的这几点也是我们的教育理想和教育目标。我们还在前进的路上，今天也许还没有办法达到，但这是永远的追求，要不断朝着这个目标前行，也需要我们每个人，包括老师、家长等，一起齐心协力去完成。

顾明远：是的。

三、中国教育70余年，初步建立现代教育体系

陈志文：您完整经历了新中国教育事业的发展历程，从您的视角看，新中国成立70余年以来，我国教育领域改革发展的最大成就是什么？

顾明远：总体上来讲，我觉得教育领域改革发展的最大成就，就是初步建立了中国现代教育体系。

1957年以前，我们主要是学习苏联，大约从1958年起，我们开始探索中国自己的教育发展道路。经过这几十年的努力，特别是改革开放以后，我们吸收了一些西方的教育思想，引进了先进的教育理念和教育技术来改造我们的教育，特别是改造我们的大学，同时也非常注意继承中国优秀的教育传统，总结自己的办学经验，逐渐建立了中国特色社会主义教育体系，涵盖从学前教育、义务教育一直到研究生教育等各个教育阶段和不同的教育类型。

陈志文：您觉得，新中国教育改革发展可以分为几个阶段，每个阶段都有些怎样的特征？

顾明远：新中国成立以来，我国教育改革发展历程大致可以分为 3 个时期："文革"前的 17 年、"文革" 10 年和"文革"以后的 40 余年。

"文革"之前的 17 年还可以划分为重建时期、"大跃进"时期和调整时期。从新中国成立到 1957 年前，是从新民主主义教育到社会主义教育过渡的 7 年，是重建时期，也是社会主义改造时期。我们接收并改造了旧学校，初步建立了新中国的教育体系。1957 年，毛泽东提出了党的教育方针，"应该使受教育者在德育、智育、体育几方面都得到发展，成为有社会主义觉悟的有文化的劳动者"。1958 年到 1960 年是"大跃进"时期。在这个时期，开展了教育大革命、大发展，但走了一些弯路，过多强调劳动，强调大发展。20 世纪 60 年代初，国家经历了三年困难时期，提出"调整、巩固、充实、提高"的方针，在教育方面出台了"高教六十条"（《教育部直属高等学校暂行工作条例（草案）》，1960 年）、"中学五十条"（《全日制中学暂行工作条例（草案）》，1963 年）等条例。

1976 年，党中央一举粉碎了"四人帮"，结束了历时 10 年之久的"文化大革命"，中国进入了一个新的历史时期。1977 年，国家恢复高考制度，我们的教育逐渐走上了正轨。1978 年，党的十一届三中全会召开，中国开启了改革开放的历史征程。改革开放 40 余年来，我国教育的改革发展有几个重要的时间节点。

1985 年，国务院召开了改革开放以来第一次全国教育工作会议，发布了《中共中央关于教育体制改革的决定》，指出"教育必须为社会主义建设服务，社会主义建设必须依靠教育"，同时提出要普及九年义务教育，发挥地方办学的积极性，等等，从此中国教育走上了正轨。

1993 年召开了第二次全国教育工作会议，刚好是在邓小平南方谈话之后。同年，国务院发布了《中国教育改革和发展纲要》，这是新中国成立以来的第一个教育发展规划纲要，成为 20 世纪末中国教育改革发展的行动纲领，由此中国教育快速发展起来。

到了 1999 年，改革开放后第三次全国教育工作会议召开。会议期间，中共中央、国务院发布了《关于深化教育改革全面推进素质教育的决定》。这一时期最大的变化就是高等学校扩大招生规模，高等教育有了很大的发展。

2010 年召开了第四次全国教育工作会议，同年发布了《国家中长期教育改革和发展规划纲要（2010—2020 年)》，提出到 2020 年，基本实现教育现代化，基本形成学习型社会，进入人力资源强国行列，把促进教育公平、提高教育质量作为工作重点。

2018 年再次召开了全国教育大会，标志着中国教育进入了一个新的发展时期。

四、面向未来，我们的教育要满足时代要求

陈志文：在您看来，现在基础教育存在的最急迫的问题是什么？您对我们未来的教育发展有哪些建议？

顾明远：我认为现在基础教育存在两个大问题，一是教育均衡发展问题，二是人才培养模式要变革。

第一个问题是教育不均衡，特别是我国中西部地区的教育投入不如东部地区。没有农村教育的现代化，也就没有中国教育的现代化。我国有近 14 亿人口，超过半数生活在农村，一半以上的学龄儿童在农村。我们到 2035 年要实现教育现代化，就要办好农村教育。

这些年来，中央非常重视农村教育，实施了乡村教育振兴行动计划等一系列举措，农村基础教育取得了巨大成就，基础设施不断改善，九年义务教育已经普及，适龄儿童已经不会因为经济条件而不能上学。

陈志文：是的，我之前去甘肃，感觉硬件条件比我想象得要好。

顾明远：没错。但不可否认，我国农村基础教育还比较薄弱，尤其是中西部欠发达地区的农村基础教育，还存在着很多需要解决的问题，主要是师资问题。近几年，我们走访了几个省的农村，发现当地学校的条件逐年改善，孩子也十分活泼可爱，但课堂教学却不尽如人意，有些地方课程还开不全，教师的教学水平不够高。

陈志文：农村学校的师资队伍还需加强。

顾明远：是的。优秀的教师进不去、留不住，乡村教师的教育观念还有待提高，教学水平有很大的差距。所以，农村教育的教师队伍建设是关键。

这几年，国家实施特岗计划、乡村教师计划，情况有所改善，但还没有根本的改变。我们也看到一批坚守在乡村的教师，他们热爱教育事业，热爱家乡的孩子，在十分艰苦的条件下坚守岗位、教书育人，使我们很感动。

陈志文：您认为，应该如何解决或者改善这个问题？您有什么建议？

顾明远：解决这个问题可以分两步走，第一步要稳定教师队伍，让他们愿意当老师，第二步是提高教师的教育教学水平。最根本的就是加强中西部地区的教育投入，特别是对改善教师生活条件的投入，让教师能够下得去、留得住。在这个前提下，我们再去提高教师的教学水平。比如，请教育发达地区的优秀教师来帮助他们，或者利用信息化手段，通过远程教育对他们做一些培训，提高乡村教师的教学水平。

陈志文：最近几年东部地区的一些中小学大规模引进清华北大的毕业生当老师，您怎么看这种现象？

顾明远：我觉得这样很好。我们欢迎高水平大学的毕业生当教师。

陈志文：如果我们中西部地区也可以用这样的方式吸引大量高水平大学的毕业生去当教师，那我们何乐而不为呢。

顾明远：能够做到这一点很好，但现在还是很少的。比如特岗教师，我们国家有40多万名特岗教师，其中大部分还是地方院校的毕业生。

陈志文：您提出的第二个问题是人才培养模式要变革，为什么？

顾明远：时代变化了，从当前的国际形势来讲，没有创新就没有发展，中央为此提出了创新驱动发展战略；从科学技术的发展来讲，人工智能、大数据等新兴技术都在促进着教育的变革。现在的年轻人生活在一个创新的时代，生活在一个科技高速发展的时代，他们的思维已经跟我们不一样了。我们的教育要满足时代要求，要培养学生的创新精神、创新思维。

那么，我们的教学是不是可以做到这一点？现在，应试教育的阴影还没有褪去，我们的人才观、教育观、质量观还没有真正树立起来，有一些观念还是在应试教育影响下的。如此，我们怎么培养学生的创新精神、创新思维？所以，我认为，我们的人才培养模式要改变。

陈志文：现在互联网信息技术对人的学习过程和学习方式都产生了重大影响，但我们仍然还沿袭着原来应试教育的轨道在奔跑。

顾明远：是的。改革人才培养模式要以人为本，要把教师的教转变为学生的学，尊重学生的主体性，尊重学生的选择，把选择权还给学生，并为学生选择提供条件。

五、在普及的基础上提高，让拔尖创新人才脱颖而出

陈志文：最近，北大教授姜伯驹院士对基础教育改革提出了自己的看法，他觉得在目前的大形势下，基础教育可以保底，但是不应该封顶。他提到，基础教育课程改革以减轻学生负担为名，削减了教学内容，学得越来越少，考得越来越简单。同时，家长们生怕学校教得太少，拼命给孩子找补习班，催生了校外教育循环。对此，您怎么看？

顾明远：我觉得这不完全是事实，也不太同意这个观点。最近还有一个小学老师告诉我，学生的负担很重，知识内容越来越深，课程越来越多。

课程标准是要求每个孩子都要达到的标准。有些聪明的孩子，当然可以多学一点，但是不能把所有孩子都当拔尖生来培养，这是不符合教育规律的。

我不反对培训机构，我认为培训机构是有必要的。对于一些学习有困难的孩子来说，可以参加一些必要的课外辅导；对于一些有特长的孩子来说，也可以去培训机构学习特长。但是，现在的培训机构超纲培养、提前培养，这严重影响了教育的大局，影响了学校的正常教学，影响了大多数学生，不利于学生的培养，不利于拔尖创新人才的脱颖而出。

拔尖创新人才的脱颖而出，应该是在掌握基础课程之后慢慢显现出来的。我觉得，学习可以不封顶，但这毕竟是针对少数人的；对于大多数学生来讲，首先要学好国家课程，把基础课程学好。在打牢基础的过程中，有些合适的孩子可以多学一些，而不是所有孩子都要多学。

陈志文：那么我们该如何进行平衡？我们希望的是把基础打好、底筑牢，让拔尖的孩子慢慢显现出来。但在现实中，绝大多数家长都认为自己的孩子很优秀，使劲儿想让孩子拔尖。

顾明远：我们应该在普及的基础上提高，没有普及就不可能有提高。当前，我们已经是大众化、普及性的教育，不再是几十年前的精英教育了。

陈志文：对这部分比较聪明、学有余力的孩子来说，应该有哪些选拔和培养的渠道？

顾明远：我认为一所好的学校本身就应该有选拔和培养的渠道，发现拔尖的孩子就应该因材施教，加强对孩子的培养，营造一个适合他自我发展的条件，也可以办一些少年班等，让孩子自己慢慢地成长。但是，这部分孩子还是极少数的。

我曾经去法国的一所学校参观，看见图书馆里有个学生在自己学习，没有去上课。我问学校的校长是怎么回事。校长说，这个孩子觉得课堂上学的内容他已经会了，不需要上课了，校长和老师也同意他在图书馆自学。我们现在还没有这样的制度，所有学生还是必须在班中上课。我们应该有这样的制度，为学生创造自我发展的条件。

陈志文：在拔尖创新人才的选拔上，您觉得应该关注学生哪些方面的素质？

顾明远：我举个例子。清华大学有个钱学森力学班，始建于2009年，是国家和清华大学拔尖创新人才培养试验班之一。2018年，钱学森力学班首席教授郑泉水在《中国教育学刊》上发表了《"多维测评"招生：破解钱学森之问的最大挑战》一文。

基于钱学森班的实践，文中总结了创新者需具备的五个"基因"。一是内生动力，对科学发现或技术创新有着迷般的极强志趣和不断追求卓越的内在力量；二是开放性，有强烈的求知欲、好奇心，具有批判性思维和提出有意义问题的习惯，能从多角度看问题，有很好的观察力，有思维的深度等；三是坚毅力，包括开始和改变的勇气，拥抱失败、屡败屡战，对目标锲而不舍的追求和专注、耐得住寂寞、坚持到底等；四是智慧，不仅包括智商、学有余力，也综合了从他人、从失败、从实践中学习和领悟的能力；五是领导力，主要衡量远见卓识、正能量价值观、奉献精神、表达能力、动员追随者和资源的能力、团队合作能力等。

同时，这篇文章还提出了一个值得重视的现象。2017年，根据以上五个维度，对参加第二届清华钱学森创新挑战营的30名高二、高三学生进行打分，排名前5的都是高二学生。

陈志文：这也让我想起一件事。据了解，2017年获得清华大学本科生特等奖学金的10个学生中，绝大多数当年不是直接通过高考录取的。

六、教育评价改革，全社会都应树立正确的教育观

陈志文：2014年，《国务院关于深化考试招生制度改革的实施意见》

发布，新一轮考试招生制度改革全面启动。您怎么看待这一轮高考改革？您觉得我们的考试招生政策还存在哪些问题？

顾明远：我觉得高考必须要改革。现在高考的考试内容在不断改革，从记忆性内容转向思考性内容，这是一个很好的趋势。但是，我觉得还有很多问题需要研究，如考试科目组合、分数权重等。

陈志文：这实际上涉及的是招生问题，不只是考试问题。我们再延伸到教育评价改革，考试招生是教育评价改革中很重要的一部分。

日前，中共中央、国务院印发的《深化新时代教育评价改革总体方案》提出，要改革党委和政府教育工作评价、学校评价、教师评价、学生评价、用人评价。您觉得这次教育评价改革和以前相比，有哪些亮点？落实起来最大的难点又是什么？

顾明远：这次教育评价改革，我觉得有两个亮点。第一个亮点是强化过程评价。我们过去是结果评价，考试的分数就是结果。现在强调过程评价，考核的是思维过程、学习过程。第二个亮点是探索增值评价。我们过去曾提出过发展性评价，发展性评价的周期更长、更宏观一些，而增值评价则更具有时效性。比如，学生昨天考了 60 分，今天考了 61 分，就是实现了增值，只要有进步就应该得到鼓励。

关于落实的难点，首先，我觉得综合评价很难。综合评价包含德、智、体、美、劳五个方面。拿体育来说，有些地区的中考体育按分数进行计算，我就很不赞成。因为一旦按分数计算，马上就会进入应试教育的轨道。体育好的学生可以得到很高的分数，不好的学生可能只能得到及格分。

陈志文：就体育来讲，学生的个体差异是很大的。

顾明远：是的。还有美育、德育等，如果按分数计算，都会被纳入应试教育的轨道。我曾经讲过，对学生德育的评价应该是一种综合评价，可以将学生所做的好事，参加过的活动，以及犯过的错误等都记录下来，不要主观地去打分数。

孩子将来的幸福，只好牺牲童年的幸福。"其实，如果缺乏健全的人格，没有童年的幸福，也不会有将来的幸福。

误区之三，认为学习越多越好，练习越多越好，因此，买了许多课外辅导材料，上各种补习班，把孩子的所有时间都占据了。其实，学习是有规律的，有方法的。关键是要教会学生学习，能够理解学习的基本概念，掌握学习的基本方法，这样就能举一反三。

误区之四，不知道怎么爱孩子。有的父母对孩子溺爱，满足孩子所有要求，造成孩子以自我为中心的心理；有的父母对孩子过于严厉，甚至施用暴力，以为这都是为了孩子，其实这都不符合教育规律，容易让孩子形成扭曲的性格。

所以，我建议家长要学点教育学，懂得儿童、青少年成长的规律，掌握科学的育儿方法，配合学校，共同把孩子培养成才。

陈志文：家长对自己的孩子要有客观的认识。

顾明远：对。家长要客观判断孩子的优势在哪儿，不要把自己的孩子估计得太高。

目前来说，让家长学习教育理论可能还做不到，这就要求学校一定要跟家长多联系，学校的改革要让家长理解，要做家长的工作。如前面提到的那所南京的中学，办学成绩很好，学校高考的录取率还是相当高的，考上985高校的学生也很多，只是没有学生上清华北大而已，主要是家长的观念还没有改变。所以，学校要更加开放，要与家长更多地联系，不能关起门来自己进行改革。

陈志文：我觉得，现在家长最核心的问题是过度焦虑，过度关注，有的家长甚至直接干预学校的教学工作。

顾明远：是的，过度焦虑。其实，学校教育和家庭教育形成合力，就会变成巨大的教育力量。当前出现了一些学校和家庭的矛盾，学校要减轻学生的学业负担，家长要增加学生的负担。这当然不能怪家长，这是教育的激烈竞争带来的矛盾。要消解这种矛盾，一方面需要家长克服陈旧的观念，用正确的教育方法促进孩子思想品德、生理心理、学习能力全面健康的发展；另一方面学校要主动与家长沟通，交流教育思想和方法，使家长了解儿童青少年成长的规律，尊重孩子，理解减轻学业负担对孩子健康发展的重要性，使家长支持学校的改革。

>>> 刘彭芝

　　刘彭芝，中央文史研究馆馆员，创新人才教育研究会会长，国家教育咨询委员会会员，享受国务院政府特殊津贴，中国人民大学附属中学联合学校总校理事长，中国人民大学附属中学、中国人民大学附属中学联合学校总校名誉校长。1997年6月任中国人民大学附属中学校长，2009年11月任中华人民共和国国务院参事，2013年9月1日起任中国人民大学附属中学联合学校总校校长。

刘彭芝：我的人生，为教育这一大事而来！

一、初为人师：得天下英才而教育之

陈志文：您的一生可以说是与新中国同行的，与教育结下了不解之缘。我最早全面认识您，就是通过您的专著《人生为一大事来》，为什么选了这个书名？

刘彭芝："人生为一大事来"，是陶行知先生的一句话。我觉得，这句话就是我的写照，恰如其分。我的一生就是为了教育、为了基础教育而来。1965年，我走上讲台，成为一名北京丰台二中的数学教师。从那以后再也没有离开过校园，50多年来一直工作在教育第一线，我的人生大事也与教育连在了一起。

陈志文：回顾这70年，您对新中国教育有哪些深刻的印象？

刘彭芝：1949年新中国成立时，我大约4岁，不久便上了小学，最初的那几年是很幸福的，一切都欣欣向荣。

1965年我有幸当上了数学老师，但很快"文革"就开始了。"文革"开始后，中国教育受到了很大冲击。我曾参加了一次清华大学延安长征队，虽然我路上发了高烧，但还是一路从北京走到了阳泉煤矿。记得到最后，人都走木了，就像机器人一样，因为病了，有人劝我最后一段坐车，但我觉得已经走这么久了，硬是坚持走到了终点。

1974 年，我调入中国人民大学附属中学，教初二数学。从此，我与人大附中结缘，在人大附中工作至今。

1977 年，邓小平同志提出恢复高考，这是中国教育的转折点。那时恢复高考是面向全民的，不只是应届生，非应届生也可以报考，10 年来没机会参加高考的学生们个个摩拳擦掌。

人大附中所处的北京市海淀区高校林立，高级知识分子云集，生源、老师、环境都比较有利于文化学习，各中学之间你追我赶，都希望在高考中能有好成绩。人大附中是海淀区的一个缩影。

备战高考时，我们连相关教材都没有。高三数学组的老组长阎士文就在暑假期间编辑了 1 本高考复习讲义，包括提纲、知识点、内容和题目等，开学时给每位高三组数学老师发了 1 本，毫无保留。因为我喜欢做难题，复习中遇到不好解决的题目，阎老师就让我解。我解不出来，就回家找我先生，再不行就去找许以超先生。许先生是我中学老师吴异的先生，也是华罗庚的第一代弟子。有一次急了，我就去中科院数学所找了陈景润。

陈志文：听您讲这段故事，感觉您那时候更像是一名模范学生。

刘彭芝：初登讲台的那些年，我遇到了几位让我终身难忘的老师。吴异老师是我的中学数学老师，学生时代的我酷爱数学，是她的宠儿，总是追着她问问题。我到丰台二中做数学老师后，也经常跑到吴老师家里去请教平时教学中遇到的问题，她从来都不厌其烦地为我解答。还有上面提到的阎士文、许以超等老师。他们教会了我应该如何做一名好教师，让我知道了什么叫"学为人师，行为世范"。

陈志文：对于 77 级高考生，您对哪位学生的印象最深？

刘彭芝：我在人大附中教的第一批学生是 1976 年高中毕业的，之后有人参加了上山下乡，有人参军了。恢复高考后，很多学生回校复习，也有很多其他学校的学生来到人大附中复习。77 级的学生中，有考上清华大学、北京大学的，也有考上一般大学的。我记得有位学生叫郭明辉，是新加坡华侨子弟，学习还不错，但不是最好的，想要报考清华大学建筑系，又有点儿担心，不敢报。他来问我的意见时，我建议第一志愿报最理想的院校。最终，他被清华大学建筑系录取了，后来一直在国内和新加坡从事建筑行业，做得不错。汪左澜，他曾经是我们班的团支书，学习非常好，高中毕业后参军了，恢复高考后回来复习，也考上了清华，非常出色。

陈志文：当教师，做教育，是您最初的梦想吗？

刘彭芝：我少年时代的梦想是成为一名科学家，但最终走上了教育之路，并且把我的全部心血奉献给了我的人生大事。我不后悔，因为我的很多学生成为了科学家。"得天下英才而教育之"是孟子讲的人生三大"至乐"之一。我的人生是快乐的，是幸福的。

陈志文：您其实是一个骨子里很 Strong 的人，做什么都要做到极致。

刘彭芝：我几十年来睡眠都很少，因为无论是上学还是当老师，我经常要熬到半夜，习惯了。我有一个特点就是追求卓越、追求完美，干什么事都要尽自己最大努力做到最好，特别认真。

二、数学之美：带领学生进入数学殿堂

陈志文：接下来，想聊一聊您与数学的关系，您当初为什么选择当数学老师？

刘彭芝：我从 1965 年参加工作开始，只教过数学，没教过别的科目，因为我从小就喜欢数学。当初刚调到人大附中时，学校需要政治和音乐老师，问我能教什么课。我说，这两门课我都能教，但我原本是教数学的，还是更倾向于继续教数学。最后，我还是教了数学。

陈志文：您为什么喜欢数学？

刘彭芝：数学有数学的美。有时候，数学题就像迷宫一样，需要一点

一点去研究，我经常陶醉在里面，觉得特别好玩儿。当弄懂了概念、解出题目时，对我来说是一种享受。我喜欢数学，对数学充满了浓厚的兴趣，兴趣真的是最好的老师。

陈志文：您是纯粹的喜欢数学，也很享受这个过程。

刘彭芝：是的。而且，我也很喜欢教孩子。我很乐意去发掘学生们对数学的兴趣，并带领他们进入数学的殿堂。这个教学的过程也让我很享受。

陈志文：您特别强调因材施教，致力于超常教育实验研究，为有特殊潜能的孩子提供适合的教育。这和您从事数学教学有关吗？

刘彭芝：有关系。我在教学过程中发现，有些孩子学有余力，可以在常规学习外学得更快、学得更多、学得更深。于是就想到要为他们提供适合的教学内容、教学进度和教学方式。

人大附中的超常儿童教育实验源于1978年，可以说与改革开放同步。当时中科大首届少年班在北京录取的3人中有2人是人大附中的学生。他们的智力超常，学习能力突出，引起了我们的关注，也促使我们思考：面对学生的个体差异，如何打破常规去发现、选拔和培养杰出人才，能不能将常态的中学教育与超常教育相结合，探索出一条因材施教、快出人才、出好人才的新型教育模式。

钱金荣老师是人大附中首届初中超常儿童实验班的班主任，他在教学中实践了中国科学院卢仲衡教授的数学心理教学法，核心就是鼓励学生自学，我经常去听他的课。当时教实验班的老师们学问都很深，他们都是我的老师，对我产生了很大的影响。

也是在1985年，我听说了国际奥林匹克数学竞赛，对我有特别大的吸引力。我的理想是培养出夺得国际奥林匹克数学竞赛金牌的学生。而要培养夺得国际金牌的学生，就不能从高中开始，必须要到初中去。所以，我选择到初二教普通班数学，并且组织了年级数学小组，选了50个学生参加，其中有30多人是数学实验班的。

我特别认真地带这个数学小组，把学生们分成了两个梯队进行分层次教学，还收集了国际、全国、市、区等各级数学竞赛项目的所有资料，印了 7 本书。并且邀请了中国科学院的数学家们来给学生们讲课，开阔学生们的眼界，培养他们对数学的兴趣，引导他们进入数学的殿堂。

当时，有老师跟我说，这个年级的数学不好，不要抱太大希望。在区里组织的初二年级数学竞赛中，我们学校只有两个学生获奖，而且只是三等奖。然而，在我办了数学小组 1 年后，学生们在初三时参加全国数学联赛，北京地区赛的前 30 名中我们占了 10 多个，而且排名都比较靠前。这在当时引起了不小的震动。

海淀区教委组织老师们来听我的公开课。在我当时的课堂上，已经打破了传统的教学方法，要求学生们提前对照"教参"自学教材，并且可以向书本以外进行延伸，课堂上由学生主讲，我进行指点、点拨。公开课结束后，很多老师颇有微词，说："这是老师讲课，还是学生讲课？"。

其实，我当时运用的主要是讨论式、研究式、激发式、启发式的教学法，现在已经被大家广泛地接受和运用了。这种方法是让学生真正成为学习的主人，激活他们的创造思维，但并不意味着放任自流，老师一直是这台戏的导演。

1987 年，我担任了人大附中首届高中超常儿童实验班的数学教师兼班主任。这个班里有 20 多个学生是从初中实验班升上来的，还有 10 多个学生来自初三普通班。

陈志文：日前教育部等四部门联合制定了《关于加强数学科学研究工作方案》，这应该是部委第一次为一个学科发文，您怎么看？数学是所有理工类学科的基础，非常重要，但不能只强调数学研究，也要关注数学教育。现在我们教育系统似乎并不怎么待见数学。高考不分文理科，数学难度降低，为了治理择校而减负，各类数学竞赛也被全部喊停了。

刘彭芝：我们国家促进教育均衡、教育公平没有错。中国人太多，不为老百姓考虑是不行的。但是，两头都得抓，一头抓均衡，一头还得抓因材施教，对于一部分有特殊才能的孩子，还是需要不同的培养方式与渠道。人大附中的超常儿童实验班就是为特殊才能的孩子而设，学校提供了足够丰富的课程和科研实践活动，让这些孩子在自己擅长和感兴趣的领域深入发展。

三、校长心语：做一个优秀的"领跑人"

陈志文：您是学数学的，唐盛昌、王殿军、朱华伟、葛军等很多优秀的中学校长都是学数学或者物理的。您觉得学科对于中学校长来说，意味着什么？

刘彭芝：也有很多优秀的校长是学语文和其他学科的，但总体来说，学数学、物理的校长比较多。1998年至2001年北京评出的14个高中示范校中，多半学校的校长都是学数学的。

我做校长时能做成一些事，除了我本身比较用心之外，与我学数学的经历也有很大关系。数学要求人的思维特别严谨，不重不漏，逻辑推理要一层层地特别清晰，数学思维是立体的、发散的。

陈志文：我个人觉得，数学和物理这两个学科不仅仅是关注一个点，是成体系、有逻辑性的。所以，学这两门学科的人在看问题的时候全局性比较好、执行力也比较强。

刘彭芝：是的。

陈志文：一所学校的崛起，往往离不开伟大的校长，比如清华大学的梅贻琦、蒋南翔，又比如华中科大的朱九思等。而人大附中的崛起，显然也离不开您。您怎么定义"校长"这一职务？

刘彭芝：校长对学校的影响确实是根本性的。您说的这些伟大的校长，都是我学习的榜样。

古今中外，对于"校长"的定义有很多。我的理解是，校长是"领跑人"。校长应该朝着"面向世界、面向未来、面向现代化"的目标，领着全校的教职员工不停地奔跑，领着一茬又一茬的孩子不停地奔跑。而我对自己的要求也是：做一个优秀的"领跑人"。

陈志文：从您的角度来看，一名优秀的中学校长应该具备什么样的素质？

刘彭芝：对于如何做一名校长，我总结了十二条心语：

一是事业心。是一位热爱教育事业，具有高尚品德，能将自己的一生奉献给教育事业的人。

二是理想目标。是一位有思想、有实践、有理念、有理想、有高远目标的人。

三是赤子之心。是一位有中国心、中国情、中国梦，"苟利国家生死以，岂因祸福避趋之"的人。

四是奋斗精神。是一位为了实现远大理想而坚韧不拔、执着追求、奋斗不息、战斗不止、刀山敢上、火海敢闯的人。是一位具有不断探索、不断实验、敢于冒险、永不言败、永不气馁、勇于承担责任的人。

五是爱与尊重。是一位能够将爱与尊重的理念深入骨髓和血液、自然流溢在行动中的人。

六是解放学生。是一位能够解放学生、解放教师、解放员工，全心全意为他们服务，而不是替他们做决定的人。

七是受人尊敬的人。努力培养学生学会尊敬他人，成为受人尊敬的人，绝不培养精致的利己主义者，要培养堂堂正正的中国人。

八是勤学习，善思考，细分析，勇创新。是一位为了实现理想目标，不断学习、不断思考，跟上时代的脚步，融铸中外教育精华，坚持综合创新，探索未来教育的人。

九是博大胸怀。是一位能够吃大苦、耐大劳，面对有问题的人，能够容他、忍他、让他，再过一段时间再看他、再教育他，在艰难困苦面前不退缩、在被冤枉陷害情况下仍向前的人。

十是研究。是一位深刻了解学生的成长规律、认真研究学生的心理发展特点、科学地按教育规律办教育的人。

十一是永不满足。未来教育家型校长应是低调做人，谦虚谨慎，永不满足、永远前行、不断学习、不断进步、成就事业、成就理想、艰苦奋斗，坚决实现自己梦想的人。

十二是实践。教育家不是吹出来的，而是干出来的。教育家的教育思想、教育理念、教育实践怎么样，应该到他所在的学校去看看，看他的教育思想是否深入人心，看他是否是真正受人拥护的人。

陈志文：在人大附中做校长 20 年，您觉得您成功的地方是什么？最骄傲的一点是什么？

刘彭芝：成功的地方就是我上面说的做好校长的十二条心语，那是我一直努力践行的，我努力做到成为那样的人。要问我最骄傲的地方，那可能是我永远保持了为教育事业奋斗的激情。我每天工作的时间达到 16 个小时，几乎全部都是围绕着教育教学在做，一直做到现在。所有的一切都是干出来的。这一点我确实是引以为豪的，这是源于我对教育的爱、对国家和民族的深情。

四、境外办学：熔铸中外精华创办未来教育

陈志文：前些年，人大附中到美国普林斯顿办了一所中学，目的是什么？

刘彭芝：1997 年我被正式任命为人大附中校长，那时我已经在人大附中工作 23 年了。在全校教职员工大会上，我代表领导班子讲话时提出了在心中积聚多年的办学目标："将人大附中办成'国内领先，国际一流'的名校"。

我常用一句宋词来形容当时的情形，"风乍起，吹皱一池春水"。人

大附中那时已经是名满京城的地方名校了，我完全可以做一个守成的校长。但我给人大附中提出了一个必须奔跑才能达到的目标。我也相信这一目标最终会被大家所接受，并且转化为自觉的行动去努力实现。

如今，高等教育领域的"双一流"建设已成为国家重大战略决策。然而，大学教育不是空中楼阁，中学是大学的基础，大学要世界一流，中学就必须要世界一流。

陈志文：明白了，所以人大附中很早就开始做国际化探索了，开办了北京市公办学校中的第一个国际部。

刘彭芝：要创办"国内领先，国际一流"的学校，不能关起门来办学，必须走出去了解外面的世界，只有这样，才能熔铸中外教育精华办出一流的教育。在最初学校条件艰苦的情况下，我千方百计寻找和创造机会让我们的教师走出国门去学习、去考察，向先进的国家学习。

2004 年初，北京市教委组织包括我在内的六所学校的校长赴英国考察 A-Level 课程，寻求中外合作办学的机会。经过多方考察、大量的课程比较研究、以及同国外的合作学校进行洽谈，并经北京市教育委员会批准、国家教育部备案，人大附中成为北京市公办学校中第一个引进 A-Level 课程的学校，从此开始了中外合作办学的实践和探索。在这之后，我们还先后引进了美国的 AP 课程和 IB 课程。

我办学的最终目标是要创办适合每个学生发展的未来教育，办出中国人、外国人都认可、向往的学校，那就必须把世界上优质名校好的做法吸纳过来。

我在国内从事了 50 多年的教育工作，应该说比较了解国内的基础教育。50 年的探索虽然积累了经验、取得了丰硕的成果，但也使我逐步认识到，要真正做到熔铸中外教育精华，让中国教育真正走向世界，我们的教师应该有机会置身于一个现实的教育环境，更近距离地了解学习其他国家的基础教育，在亲身实践的基础上体验、探索、比较、研究；要培养既有中国心、民族魂又具有国际视野的未来人才，我们的学生也应该有机会置身一个现实的学习环境，去感受、体验、领悟、比较另外一种学习模式。比如，只有我们进入到美国后，才能真正了解美国的政策、师资、课程设置、学生等，才可能得到原汁原味的第一手资料，真正找到中外教育融合的途径和方法。

经过多次考察，在教育部等有关部门的支持下，2013 年 7 月，PRISMS（普林斯顿国际数理学校）建成。PRISMS 是一所精品校，麻雀虽小五脏俱全。我们把学校的发展定位于中国教育和国际学校的完美结合，学校师资由中方人员和美方人员共同组成，面向世界各地招生，既提供中国课程，也提供美国课程，以满足学生的不同需求。

陈志文：您觉得有什么样的收获，或者说是得失？

刘彭芝：中国人在美国成功地办了一所学校，这是最重要的收获。通过举办 PRISMS，我们更深刻地认识到了中美教育的差异，对于未来教育应该怎么做，探索、积累了较为丰富的经验。

陈志文：这是否改变了您对美国教育的一些认识，包括好的和不好的地方？

刘彭芝：也不是改变，而是更加深入了。人大附中原来在美国有 20 多所友好学校，既有公立学校，也有私立学校；有顶尖学校，也有一般学校，如托马斯杰克逊理科高中、伊利诺伊理科高中、菲利普斯安多福中学、菲利普斯埃克塞德中学等。但在原来的交流中，我们只看到了他们的表面，校园特别大、设备很先进等。而通过在美国办学，我们发现了很多他们与我们之间的不同点。

面对这些不同，在吸收美国教育同行教学经验的同时，我们也将中国教育的一些好的经验和做法带到了美国。我们把"爱与尊重"的办学理念印成了中英文的小册子，给老师们每人发了一本。在管理上，我们也把中美的一些方法结合了起来。

陈志文：2016 年教师节前夕，习近平总书记到北京市八一学校考察时指出，我们的教育改革要坚持文化自信，好的经验要坚持，不足的要补齐。实际上，中国的教育还是有很多优势的。

刘彭芝：是的，我们就是希望在此基础上向世界贡献基础教育的中国经验与中国模式。

五、因材施教：坚定拔尖创新人才培养的信念

陈志文：您在基础教育领域的资历很深，对于未来中国基础教育的发展，如果只说一句话，您想说什么？

刘彭芝：保基础、保公平的同时，我要呼吁大家重视拔尖创新人才的早期发现与培养，也希望大家、媒体一起来呼吁这件事，因为国家需要拔尖人才。有了拔尖人才，才能有核心技术。

从 1978 年中国科技大学组建少年班开始，我们探索拔尖人才教育，也就是超常儿童教育已经 40 年了。迄今为止，我们为国家培养出了大量的拔尖创新后备人才。

陈志文：超常教育、早培，都曾在社会上有些不同的声音，甚至有人会质疑教育公平的问题。您怎么看？

刘彭芝：自 1978 年中科大创办少年班开始探索超常教育以来，经历了舆论热炒，也遭受过质疑批评。

我认为，教育公平可以分为两个层面。第一个层面是实现教育均衡，让每个孩子都能享受优质教育，这是基本的教育公平；第二个层面是让每个孩子都能享受到最适合他的教育，这是更高级的教育公平，也就是中央现在讲的，有质量的公平。在教育大格局中，超常教育虽非主流，但从培养拔尖创新人才和保护教育生态的角度讲，它不但应该坚持下去，还应该给予足够重视。我们在解决教育公平问题时，既要立足基本，也要立意高远。

超常儿童仅占人群的 3%—5%，是人类的稀缺资源，更是中国建设

人力资源强国，增强国际竞争力的主力军和后备队。早在两千多年前，孔子就说过"有教无类，因材施教"。开展拔尖创新人才的早期培养，给超常儿童以超常教育，不就是"因材施教"吗？拔尖创新人才培养没有破坏因材施教，不是教育公平的对立面。我们对拔尖创新人才早期培养的支持，应该旗帜鲜明，理直气壮。

目前，我国人才结构中的关键问题，即拔尖创新人才存在结构性不足。在中国日益站到世界竞争舞台中央的时候，我们不得不面对各个领域缺乏核心技术、核心竞争力的事实，这已经成为我们必须突破的瓶颈。说到底，是我们缺乏拥有核心技术和核心竞争力的拔尖创新人才。中国要实现民族复兴，必须要拥有一批各个领域的拔尖人才，否则我们将始终会在一些关键环节被别人"卡脖子"，始终不能成为领跑者。

陈志文：您发起成立了创新人才教育研究会。您成立该研究会的初衷是什么？

刘彭芝：我就是想为创新人才的培养搭建一个大中小幼联动，学校、企业、社会机构协同合作的平台。

我很感谢清华大学、北京大学、中国人民大学、中国科技大学、上海交通大学、北京航空航天大学、北京理工大学等高校，他们的校长、副校长、院士分别有参加。

我们希望创新人才教育研究会不仅成为一个创新人才发现与培养交流的平台，也能在研究与实践的基础上，就创新人才培养问题向国家建言献策。

陈志文：您对我国拔尖创新人才培养有些怎样的建议？

刘彭芝：一是发现与培养拔尖创新人才需要政策的坚定支持。拔尖创新人才处于创新人才的顶端，对国家的自主创新、可持续性发展起着关键性的引领作用。将拔尖创新人才的培养放到国家发展的战略高度，势在必行。国家对拔尖创新人才的培养越来越重视，但相关政策还没有跟上。希望国家和各级地方政府能够强力推进拔尖创新人才培养工作的政策制定和坚定实施。

二是要营造有利于发现与培养拔尖创新人才的舆论环境。虽然说了很多年，但事实上，在整个中国社会，对于拔尖创新人才的发现与培养还存在很多不同的声音。不仅是普通民众，即使在教育领域，也有很多人不了解、不理解，甚至误解和歪曲拔尖创新人才的发现与培养。这是很可怕的事情，这些杂音会严重阻碍我们开展这一工作。

陈志文：是的，我们现在经常把对这类人才的培养与公平对立。

刘彭芝：培养拔尖创新人才是教育公平的重要组成部分。我们必须认识到，人才的培养必须尊重个体差异和发展规律，拔尖创新后备人才在潜能、个性、志向等各个方面与普通后备人才存在差异，对他们施以合适的教育、进行有针对性的培养，是对他们的教育公平，真正的教育公平应该是多维度、多层次的。

六、坦荡为人：心底无私天地宽

陈志文：如果让您给自己做一个总结，您觉得自己有什么样的特点？

刘彭芝：我给自己总结了几个词，引领与担当、无私与奉献、拼搏与奋斗。

陈志文：引领和担当是与人大附中相关联的，关于个人，我觉得您是个敢担当，敢作为的人，而之所以敢作为敢担当，核心原因是您无欲，无私欲，所谓无欲则刚。这一点是很多人不明白的，所以经常有一些妖魔化的说法。您对此怎么看？

刘彭芝：有一些人可能是因为根本不了解我，不理解我。对于一件事，他们往往从自己的角度和位置来看，会觉得我有个人目的，但事实上我恰恰没有，特别坦荡。

对于那些公布出来的不实信息，如果可以，我会追到底，让当事人了解事实真相。很多当事人在了解真相后和我成了朋友。但还有一些是我没听见的，或者没有办法顾及的，我也就不管了。有人说，历生无谤不英雄。如果这一生没有人诽谤你，你肯定不会是英雄，很可能就是平庸之辈、好好先生。

我把人大附中当成我的生命，什么都经历过以后，我也就没有什么害怕的了。

陈志文：对，核心就是无欲则刚。从我的角度讲，您做所有事情的出发点都是为了学校、为了学生，从来不考虑自己，心里面都是干净坦荡的，所以您也就敢于担当。

刘彭芝：有一次，我给孩子们做报告，在一个六七百人的报告厅，一个坐在角落的孩子给我写了一张纸条。他说，觉得我那么年轻，头发乌黑，看着像30多岁，怎么也没想到我70多岁了。

我想，心态很好是我不显老的原因。我自己的排解能力很强，有很多事情自己想完了，就排解了。心底无私天地宽。

陈志文：还有一点，您有自己的核心目标，所以您可以做到不在意跟核心目标无关的事情。

刘彭芝：对。我还有很多事情要做，有很多信任我、拥护我、支持我的人。

陈志文：我有一点很奇怪。我注意到您对几十年前的一些小细节，都记得很清楚，尤其是跟学生们有关的事情。

刘彭芝：也不见得所有的事情都记得，之所以清楚地记得这些事情，还是因为喜欢学生吧。我觉得教书是一门艺术，我很享受，享受和学生们在一起，享受他们的成长，也享受和他们"斗智斗勇"。

在我当班主任的时候，曾经有个学生比较调皮，老给别人起外号，课堂纪律也不怎么好，告他状的人挺多。我后来想怎么"治治他"，就跟同学们商量怎么帮助他。我们和他约定，如果他不改，我们就都不理他，他也同意了。第一天他还嘻嘻哈哈的，我们都不理他，第二天就哭丧着脸了，第三天同学们就来给他求情了，他自己也受不了，给同学们道歉。后来，这个学生真的就改了。

还有一件事情就是做作业，有3个学生总是不交数学作业，但每次考试都得满分。我也很奇怪，难道确实有的孩子有特别的天赋，不需要做作业吗？我也是跟全班同学商量，如何甄别他们是不是确实可以不做作业。后来决定，我们搞几次测验，如果他们通过了，就可以不做作业，如果没通过，就必须做。这3个学生也同意了。我就把作业中特别难的题目综合起来出了一套试卷，进行测试，结果3个人中有1个人没有及格。再后来，我又进行了一次测试，但规则改了，要求全班同学中只要有一名同学做完题目，举手后，全班停止答题并交卷。这次，另外两个人也被筛出来了。因为他们没有做作业，手生，就算是知道该怎么做，速度也慢。

其实，到高三时，实验班的孩子们往往都不怕难题，反而在简单的题目上容易出问题。后来，我就把高考题和答案都印出来，让这些孩子们做，然后互相挑毛病，训练他们高考不丢分。

陈志文：您这是在调教孩子，我觉得这里面很重要的一点，就是您特别通人性、很通透。我至今还记得从人大附中毕业多年的一位同学在网上讲的一个故事："有一年11月，寒风刺骨的周一，本来应该在升旗结束后您有一个讲话，您问大家冷不冷，还上操吗？同学们就说，冷，不上。让他们没有想到的是，您说，好，解散。"

刘彭芝：通人性就是要了解人的心理，我对学生讲究的是爱与尊重。也是因为我做什么事情都特别认真，愿意去琢磨研究，所以对各种类型的人都很明白。

当老师要很精细。2015年高考前，学生们的成绩下降得很厉害，我用了1个月的时间让他们都发挥出了自己最好的水平。2019年高考前也出现了学生成绩不理想的情况，在考前两个月我领着高三团队做了一系列的工作。这是要进行全盘运筹帷幄的事情，怎么调动他们的兴趣，怎么给他们信心，怎么督促他们，学生、家长、老师每个人都得到位。

陈志文：您是很用心地去琢磨，用各种方法把学生们内在的发动机调动起来，而不是单纯地施压。您是从人的角度来关注和教育学生的。

刘彭芝：教育本身是育人，育人本身是立德树人。教育应该是心灵与心灵的沟通，是灵魂与灵魂的碰撞。

陈志文：人大附中有一批非常优秀的孩子，他们往往不会轻易信服一个人，但的确有很多人是信服您的。

刘彭芝：我很真诚、单纯，我对孩子们的爱是深入骨髓的。如果孩子们跟我说什么事情，最后肯定都很高兴、很满意。因为我会顺着他们的思想去帮助他、开导他，从他们的角度来解决问题。

陈志文：能有今天的成绩，其实很重要的是您有一个强大的团队，人大附中办了这么多分校，质量都比较高，这是很值得其他学校学习的。比如，您的老搭档王珉珠书记，与您在一起搭班子几十年了。

刘彭芝：我俩搭档时，有人说，全国乃至全世界都难找我们这样的搭档，一个外柔内刚，一个内柔外刚，横批是天衣无缝。

陈志文：跟王书记聊起您，她说您是一位非常有人格魅力的人。从事业的角度来说，跟您在一起做事不会有偏差，心里很踏实，因为您都是为国家、为教育，而且您经常能给出很多新鲜东西，很有意思。从做人的角度来说，您会替别人考虑很多，有些当事人可能没想到的，您都会提前想到，并且解决了，让人有一种亲切感，不由自主地想靠近您。

这可能就是你独特的人格魅力，团结了一批志同道合的人，也才能做出、做好更多的事情。

刘彭芝：不管怎样，我很感谢这些年和我一起并肩奋斗的所有老师和员工，在他们的支持和奉献下，人大附中才做出了一些成绩与贡献。

陈志文：如果说有成功秘籍的话，您觉得您的成功经验是什么？相信这也是很多人想知道的。

刘彭芝：坦率地讲，没有什么成功秘籍。习近平总书记说，我们现在所处的，是一个船到中流浪更急、人到半山路更陡的时候，是一个愈进愈难、愈进愈险而又不进则退、非进不可的时候。在这个千帆竞发、百舸争流的时代，我们绝不能有半点骄傲自满、固步自封，也绝不能有丝毫犹豫不决、徘徊彷徨，需要勇立潮头、奋勇搏击。

回顾自己和人大附中这么多年走过来的历程，我常常感慨习近平总书记的话说到了我的心坎儿里。他指出，打铁还需自身硬，干工作、抓作风要踏石留印、抓铁有痕；大家撸起袖子加油干，天上不会掉馅饼，努力奋斗才能梦想成真；伟大梦想不是等得来、喊得来的，而是拼出来、干出来的。如果说我个人和人大附中做出了一些成绩，那确确实实是因为我们有理想、有梦想，我们是咬定青山不放松，一张蓝图干到底，而且这个"干"就是撸起袖子加油干，是拼命地干。

>> 唐盛昌

　　唐盛昌，浙江镇海人，1942年1月5日出生，特级教师，享受国务院政府特殊津贴，现任上海星河湾双语学校校监，兼任上海市教育学会副会长，IBO国际文凭组织校长委员会委员，NCCT认证委员会委员等职。1962年毕业于上海师范学院数学系。曾任上海市曹杨二中副校长、校长，上海中学校长，中国教育学会副会长。1993年创办了上海第一所教育教学由中国人自主管理的上海中学国际部。曾获苏步青数学教育奖，获全国劳动模范、上海市优秀校长等称号。

唐盛昌：整合国际元素，创造中国独特的教育体系

一、一波三折的求学经历，读书给我的是一种宏观思维

陈志文：刚解放的时候您应该年龄还很小，您还记得新中国成立时的一些场景吗？

唐盛昌：怎么会不记得。我是上海人，家在南京路，解放军进城后组织了一场大游行，我家那一段是最热闹的。那时我刚刚五六岁，在我这个小孩子眼里看到的是，解放军来了，好威风、好神气！

陈志文：那时候能读书的人不多，您读书的经历是怎样的，有哪些故事可以与我们分享？

唐盛昌：我小时候因为搬家换了两次学校，也连着跳了两级，13岁读高中，16岁进大学，20岁就大学毕业了。因此，我念书的时候同班同学年龄都比我大，初中时甚至有同学比我大五六岁。

高中时，有次学校选拔学生参加上海市数学竞赛，我抱着玩儿的心态报了名，全校选中了6个人，我是其中之一。当时我年纪小，比较贪玩儿，不好好念书，学习成绩一直属于中上等，并不拔尖，而且其余5位同学都是经过相关培训的，只有我没有参加任何辅导。但我的竞赛成绩很好，好几道其他人没做出来的难题我做出来了，这是老师们没想到的。

后来到了大学，我学的专业是数学。说起来也很有意思，爸爸想让我读建筑设计，但我并不是很喜欢，我想读中国科学技术大学。在填高考志愿的时候，我还是遵从了爸爸的意见，第一志愿填了同济大学建筑系，保底志愿填了上海师范大学数学系。现在说起来可能是历史的误会，在录取时，我第一批就被上师大数学系录取了。

这件事对我的影响很深。在当时的社会大背景下，我做为小孩子的一些想法没有得到家庭的认可。因此，我做老师、做校长后，是绝对遵从学生意愿的。

陈志文：其实，即便是错了，学生之后会自己调整、换专业，这个过程也是学生成长的一部分。

唐盛昌：对。

陈志文：您是哪一年读大学的？

唐盛昌：我是在 1958 年到 1962 年读的大学。

我在大学时属于比较另类的人。数学系不是我想念的，做老师也不是我的志愿，我原本的愿望是想搞科研、做科学家。再有，我觉得数学系的课程太容易了，不听也无所谓。所以，我总是坐在最后一排看自己喜欢的书。

我经常去图书馆借各种各样的书，涉及哲学、经济、政治等各个领域，包括二十四史等。其中，在大一大二时读的《资本论》让我印象很深刻，这是一本特别值得读的书，但很不容易读。我读了两本，一本是原著译作，另一本是日本学者写的解读和评析，后来我的政治经济学成绩一直非常好。《资本论》让我意识到了当时很多高级知识分子自身的局限性，他们更看重个人或者家庭的发展，对国家、社会的大发展趋势反而关注得比较少。

从所有读过的书中，我得到的并不是针对具体问题的应对方法，而是一种宏观思维，让我更多地认识到了民族、国家的复兴，培养了我的家国情怀。

陈志文：我明白您的视野为什么那么开阔了。您不只是从一个点上看办学、看数学教育，而是在更宏大的背景下看待这些事。而您所读的书就是基础。

唐盛昌：没错。大学阶段的大量阅读让我认识到，对于青少年来说，眼界不能小，眼睛不能只看到鼻子底下的那一小块。

我的大学还有一个跟别人不一样的地方，我当时学的是俄语而不是英语，而且俄语成绩不错，看了很多俄语书，这也让我开阔了视野。现在我的俄语还没完全丢掉，之前到俄罗斯去，一般的对话我都能听得懂，不过说的能力弱一些。

陈志文：大家一直都说您能讲一口地道的美式英语。您在大学里学的是俄语，那英语是在哪儿学的呢？为什么要学英语？

唐盛昌：大四的时候我选了一门英语选修课，学了国际音标，当时我是零基础。1962 年大学毕业后，我做了老师，工作上还比较游刃有余，业余就一直坚持自学英语。

那时我意识到，对于整个国家的发展来说，掌握不好语言是不行的，只掌握俄语是远远不够的。我已经感觉到英语的重要性了，即便当时可能用不到，但我坚信以后英语会是一项非常重要的能力。必须把英语学好，这是我的信念。后来上海中学成立了国际部，跟国外的交往越来越多，我的英语也就越来越派上了用场。

英语与俄语其实有很多相近之处，把俄语的语法搞清楚以后，学英语是比较容易的。我花了几个暑假的时间，把高中所有的英语教科书全都念完了，基本上一两个礼拜一本。

陈志文：其实对于很多人来说，这是没那么简单的。您能讲地道的美式英语，不仅仅是有优秀的阅读能力，还有口语能力。

唐盛昌：学习口语是非常难的。那个时候没有英语听说资料，我就找了一张唱片，用留声机反复听，不断地矫正自己的发音和用词，看了很多书。

陈志文：口语在某种意义上也是一层窗户纸，捅破了就很容易过去。

唐盛昌：是的。我的英语没有老师教，都是自学的。很多单词是我一个个从字典里查出来的，好处就是能够了解每一个单词在前后文中的确切意义，其实我们现在很多英语单词的解释是有偏差的。

"文革"的那段时间，很多人大概都稀里糊涂地就过去了，而我恰恰抓住了这一段时间自学。从大学毕业到"文革"结束，我学完了英语，还自学了师范以外综合大学的一些数学课程。

陈志文：您为什么会有这么强的自主学习能力呢？学习从来都不是一件快乐的事情。有些孩子沉迷于游戏，三天三夜不睡觉也不觉得累，但学10分钟就觉得很累。而有些孩子学进去了，就会觉得很享受。

唐盛昌：学习也不一定是一件非常痛苦的事。我们对游戏的问题有些误解。为什么小孩子会喜欢打游戏，游戏吸引人的地方在哪里？实际上，游戏是抓住了小孩子争强好胜的天性。在日常生活中，小孩子往往是弱者，而在游戏中，却正因为他们年纪小、反应快，反而有可能获得非常好的成绩。

小孩子喜欢的游戏都是能让他不断成功的游戏，这实际是在某种程度上符合了人希望获得成就感的内在需求。另外，在日常生活中，如果失败了是要付出很大代价的，但在游戏中失败了是不需要付出代价的，成功了还会受到奖励。

二、不断思考、积累经验，大胆开办上海中学国际部

陈志文："文革"时，您已经开始教书了，您对当时教育的认知是怎样的？这段时期对您有怎样的影响？

唐盛昌："文革"时，我和我的家庭没有受到严重的冲击。那时候我是一名青年教师，是白专典型，业务非常好，对政治不够关心。这期间，

我学了很多东西，自己有了很大提升，对很多问题有了更清晰的看法，对教育也有了一些想法。

"文革"时，强调工程教育，忽略了物理、化学等学科。从一个角度上来讲，这是因为考虑到我国工程基础太弱，要加强工程相关学科的建设。但是把问题想简单了，处理得比较粗糙，把真正的学科体系打乱了。从大方向上来讲，"文革"期间在教育上做的事情是错的，但也提出了一些需要思考的问题。

再有，我对"文革"期间人与人之间的相处方式比较反感。但从另外一个角度讲，我们经历了这些后，就会思考人与人之间的正常关系应该是怎样的。

比如，我在上海中学做了24年校长，校长的位置曾赋予我责任和义务，但退休的时候我很清楚自己的位置，年龄到了就应该退下来，并且帮助后面的人顺利接手。我不在乎头衔之类的东西，我认为，我应该为社会、为教育、为大家做更多的事情。

陈志文：您对人性的复杂性和丰富性有很深刻的理解，所以您在处理事情时界线就会很清晰。您不在乎头衔，有一个原因就是您骨子里的一种自信。

唐盛昌：我确实不需要这些。我更需要、更喜欢、更希望的是人与人之间的真诚，不管是对中国人还是对外国人。我们学校的外教流失率很低，不到7%。

陈志文：其实是通过真诚建立了信任，而且一定也有共同认可的某种价值观，才会留下来。

唐盛昌：真诚和信任是建立良好社会的基础。小到一个小单位，大到社会，如果没有真诚和信任，是很难发展好的。我们一直在讲真善美，但真正要做到不是那么容易的。

陈志文：之后，就到了改革开放。您对改革开放这40多年有些怎样的感触？

唐盛昌：改革开放最初那几年，百废待兴，我在晋元中学做数学教师，几位校长对我都很好，很关心。几年时间里，我就从普通教师成长为了教研组组长，后来又做了副校长、校长，这一段时间我个人的发展非常快。一方面，是因为我写了很多文章，表达了很多看法，在社会上有了一定的影响力。另一方面，在每一个岗位上，应该说我都做出了点成绩。

我是从晋元中学教师岗位直接调到曹杨二中做主管教学的副校长的，当时对我的影响很大。曹杨二中的数学一直比较弱，他们希望我能改变这一局面。三四年后，我离开曹杨二中时，学校数学会考成绩全市第一。

后来我到上海中学就任时，正是学校的低谷。上海中学原来是一所比较好的高中，"文革"期间停办了，1978 年恢复办学，请原来的老校长回来，他为上海中学的发展作出了非常大的贡献。1984 年，老校长因年龄原因退休了，其后接连换了三位校长。上海中学的发展遇到了一些问题，刚刚恢复高考时，上海中学是上海市数一数二的中学，我接手的时候掉到了 20 名左右。

陈志文：调到上海中学时，您多大年龄？您觉得当时上海中学主要面临着什么样的问题？

唐盛昌：我是 1989 年调到上海中学的，那年我 47 岁，年龄刚好。调入上海中学后，我主要面临着两个问题：

一是，上海中学是市级学校，也是传统名校，需要用更宽阔的视野看待它今后的发展；二是，社会大背景有了变化，邓小平同志在南方谈话中提出要打开国门，因而不能再用纵向坐标来衡量中国教育，而是要从横向上来分析，与世界进行对比。

改革开放后，中国经济的很多领域做了很多基本工作，大量引进国外品牌的流水线，以提升中国相应产业的水平。电视机、汽车，中国原本都不会做，但我们通过引进生产线，对每一个环节进行解剖，找到差距，再一个个补，最终建立了中国自己的产业。

1993 年开始创办上海中学国际部时，我就想，教育为什么不可以这样做？上海中学国际部就是在做这件事情，将国际课程按照其标准原封不动地引入进来，把每一个环节拆开、搞透，判断哪些有道理，哪些没有道理，再进行重新建构。第一步，我们引入了 IB 课程，扎扎实实地上，找我们的差距在哪儿。我那时很明显地感觉到，我们教的物理化学太过古典。

当时办国际部的难度很大，我们面临着经济问题，政治上也有些敏感，但我还是做了。因为我的感觉是，中国要进一步发展，就必须要打开国门，必须要与国际上教育的整体发展趋势相匹配。同时，我也考虑了上海中学的未来发展问题，这对于我们来说是一个重要的大问题。

三、慎重选择国际课程体系，上海中学国际部达成两大目标

陈志文：您在上海中学国际部为什么选择首先引进 IB 课程？

唐盛昌：当时我参加了一次 IB 课程主办方（国际文凭组织 IBO）在中国召开的会议，提出了几个问题，引起了他们的注意，会后来找我聊，很惊讶我能用英语交流。接下来，他们邀请我到 IBO 总部访问，一是希望我能从一名中学校长的角度做一场关于中国教育发展的报告，二是想让我看看 IB 课程是怎样的。

总体来讲，我觉得 IB 课程的整体情况比较好，灵活性也比较大，所以就考虑引进 IB 课程体系了。

陈志文：在目前较为流行的几个国际课程体系中，IB 课程对举办者的要求是非常高的。比如，A-Level 本身就是考试，且与英联邦标准化的课程体系相关联，有标准教材和标准教纲，便于进行质量控制，对于学校来说比较好操作，而 IB 课程则给了学校很大的再创造空间。

唐盛昌：是的。我觉得，IB 课程有两个较为突出的特点。第一个特点是将英美中小学课程理论化、体系化了，形成了完整的学科教学体系，

且不同于任何一个国家的课程体系，达到了其他课程体系没有达到的高度。第二个特点是 IB 设立的三大核心课程——认识论（TOK）、拓展论文（EE）、行动与服务（CAS），从科学哲学的角度提升了中学课程架构，这也是其他课程体系没有做过的。

但 IB 也有一个比较大的问题，作为一个私营组织，它要考虑经营问题。IB 拥有三个项目，分别为 PYP、MYP、IBDP。其中，他们在 IBDP 项目上的投入是最大的，成本非常高，做得也比较好，是 IB 真正有价值、含金量最高的项目；而 PYP 和 MYP 项目是 IB 的主要盈利项目，大幅度放宽了要求。

陈志文：后来，您也引进了 AP 课程，为什么？

唐盛昌：引进 IB 课程几年后，上海中学国际部也引进了 AP 课程。AP 课程不是完整的课程体系，相对来说比较容易做。后来在上海星河湾双语学校，我们采用的也是 AP 课程，主要考虑的是国家意识形态的问题。

上海中学国际部可以采用 IB 课程，因为只招收外籍学生。但如果是面向中国学生，我个人认为采用 IB 课程不那么妥当。IB 课程的意识形态完全以西方为主，中国的国家课程体系整合不进去，对于高中教育来说，政治上会产生很大的问题。

AP 其实是考试，并不限定学校使用多少考试科目，这样就有了整合的可能性。我在上海星河湾双语学校首先提出来，思想品德、中文、历史、地理这四门中国的核心课程是必读的，在此基础上再融合 AP 课程。以我的课程为主，把你的好东西拿进来，我觉得这是合适的。这样，办学的大方向就不会有问题。

学校在选择国际课程的时候，需要考量的问题有很多，不只是学术问题，还有政治方向的问题。

陈志文：我们回到上海中学国际部，您觉得，上海中学国际部的举办是否达成了您的目标？

唐盛昌：通过举办上海中学国际部，我觉得完成了两大目标。第一个目标是了解了国际上各类教育的水平，以及其逻辑和发展趋势，包括有大幅度改变的地方。我作为一名校长，开始考虑能做哪些事，不能做哪些事。

第二个目标是使上海的整体教育环境得到了改善，提高了软实力。以前，外国人一直抱怨在中国找不到合适的学校念书，上海中学国际部解决了这个问题，并且得到了认可。

外籍人员子女学校其实不大好办，关键在于校长是否能掌控住学校，最重要的一条是要能管得住外教。在中国，很多学校是管不住外教的，中国校长对外教基本没有影响力。我的经验是，校长在与外教沟通的时候，一是要了解他们的文化背景和习惯，二是要让他们赞同你讲的道理。这样他们就会接受你的理念，学校的发展方向也就会比较准确。

10多年前，我们请了六七位外国人用了半年的时间来拟定英语教学大纲，分为母语和非母语两个部分。我看了以后觉得，母语部分可以，非母语部分不行，需要推倒重来。我需要说服外教重新拟定非母语部分的英语教学大纲，要告诉他们错在哪里，为什么错了。

我提出，非母语部分的英语教学大纲不应该只是在母语部分的基础上增增减减，这个思路是不对的。母语是思想的语言，母语与非母语英语教学的本质区别在于语言背后不同的思维方式、文化背景等。制定非母语英语教学大纲的思路应该是研究第二语言的英语教学该怎么做。

四、吸收国际上先进的教育元素，坚持中国的根

陈志文：您建立了中国第一个高中国际部，并且不是简单地拿来，而是做了很多融入、融合。在这期间，您有些怎样的思考？

唐盛昌：IB课程确实让我意识到有很多问题可以进行思考，比如，学

科群的思想。学科群思想现在已经发展到一定阶段了，并且有了一些变化，但我们在这方面做得不是很好。如今高考中出现的很多问题，很大一部分原因是学科群的基础没有做好。

在 IB 课程体系中，物理、化学、生物都属于实验科学，在学科体系中是平等的，也就意味着在教学中的课时数、内容容量等基本要素也是一样的。

IB 课程中每门课在教学中的总课时为 240 课时，分为三个部分，第一部分为 80 课时的核心课程，第二部分为 150 课时的基本课程，第三部分为 10 课时的拓展课程。

同样，今天在我们绝大多数地区的高考中，这几门课的地位也是相同的，这就要求每一门课的权重都是一样的，但实际上目前不太一样，物理的难度比生物、化学不知道大多少。因此，选物理的学生人数在下降。

陈志文：您分析得很对。这一次的高考改革出现的物理选考人数下降问题，一是我们默认孩子们会理智选择，但显然是功利选择；二是忽略了学科的难易程度问题，把较难的学科和较容易的学科放在一起比了。

唐盛昌：是的。我思考的第二个问题是学科教学架构，学科架构和学科教学架构是两码事。学科架构是客观的，是没有价值判断的，比如数学学科的基本内容在美国、英国、中国都是一样的。但学科教学架构不一样，是存在价值判断的，包含着对学科的认识。价值判断不同，在教学中选择内容的标准就会不一样。

在每个国家的课程体系下，学科教学架构都有所不同。AP 课程与我国高中课程的教学内容相比，只有大约 20%—30%的内容是一样的，两者的学科教学架构完全不同。

随着对学科认识的改变，每个时代的学科教学架构也是不一样的。比如化学，在中国目前的化学教学中，元素周期表的影子还没有全部去掉，但国外已经去掉了，因为现在的化学学科更多地是从分子运动水平的角度来考虑问题的。

陈志文：这就不只是一个简单的难易问题了。

唐盛昌：这是一种选择，选择什么样的教学架构，就意味着用什么观点来看待这个学科，并在此指导下判断哪些内容是重要的，哪些内容可以不学。

我讲的这些不是空话，是有数据支撑的。我在《中美中学理科教材比较研究》一书中详细地介绍了中国高中课程与 AP 等国际课程不一样的地方。我通过办国际部，真正了解了国际上的中学教育达到了怎样的水平，而且不是空泛的了解，是很具体的了解。

陈志文：您刚才分析的才是问题的根，您是真正在做有中国特色的国际课程。对星河湾双语学校，您的期待是什么？星河湾双语学校的特色是什么？

唐盛昌：我现在希望能针对中国学生做出一套教育方案，既能比较好地吸收国际上先进的教育元素，又能坚持中国的根，让学生们在国外学习后也能回得来。星河湾双语学校有一个提法就是，出得去，回得来。

星河湾双语学校的第一个特色是课程整合。所有的初中毕业生都要参加上海市组织的学业水平考试，完成我国义务教育法规定的基本要求，所有的高中毕业生也都要参加上海市教委规定的四门学科的学业水平考试，通过率均达到了 100%。第二个特色是注重学生的个性发展和选择。

陈志文：您认为，国际课程的引进对国内的中学教育有什么影响？

唐盛昌：以上海中学为例，国际部的很多因素也融入了上海中学本部的发展中。当然，像学科群这样牵扯到课程体系的思想很难迁移过去，但有一些是可以的，比如探究式学习。

探究式学习在国外教育中很受重视，我觉得思路非常好。上海中学的探究式学习在两个方面做得非常好：一是硬件设施，建立了很多数字实验室，没有平台和设备是很难进行探究式学习的；二是对学生探究能力的培养，比如建立课程图谱以培养学生的选择性思维。所谓课程图谱就是根据每一学科的教学架构，将所有课程进行分类设计，形成一个可供学生进行选择的体系。

陈志文：那么，您觉得国际课程中，有哪些是我们不能进行迁移的？

唐盛昌：不能迁移得太多了。从哲学层面讲，现在国外比较流行的是主观唯心主义，与我们的唯物主义有很大不同。当今社会，有很多东西原本是不存在的，都是人类思维达到一定高度后，根据基本原理创造出来的新事物，比如计算机。所以，先有客观现实，还是先有思想，这是不一样的。从哲学的角度来讲，西方有一些观念我们是不能完全接受的，必须要采取比较慎重的方案来处理。

从意识形态层面来讲，也涉及到一连串的问题，包括前面提到的学科中的很多观念。

各类国际中学课程体系中有很多东西是融不进来的，只能整合。我们要做的是，以中国的课程体系为基础，整合国际课程体系中有价值的东西，而不能把两者简单地合并在一起。

五、厘清中国学生评价体系问题，标准化指标是基本门槛

陈志文：您认为，目前国际上主流的学生评价体系是怎样的？您怎么看待中国的学生评价体系？是否可以借鉴国际上的一些做法？

唐盛昌：现在国际上主流的学生评价体系是多元化的，对于不同的学生有不同的评价标准，而中国目前采取的是相对单一的评价体系，比如说高考。当然，这也是由中国社会当前整体的发展状况决定的。但高考发展到现在，我觉得有一个问题，就是计入总分的科目越来越多。

陈志文：要把学生变成十项全能选手。

唐盛昌：是的，在这一思路下，学生的学习就变成了补短，哪一科不行就补哪一科。

陈志文：但人生是扬长的。

唐盛昌：对，我们需要的人才是扬长的，而不是补短的。所以，高考的这一思路可能需要调整，要尽可能与人才的培养方向保持一致。

我在这里简单地介绍一下美国的课程评价体系。首先，标准化指标的考察内容相对清晰。比如，SAT只考数学和阅读写作两个最基本的部分，这也是美国高校在选拔人才时最基本的门槛，学校越好，标准化指标的门槛越高。

其次，注重多元化评价，突出对学生个性发展的引导。比如，高校选拔人才时，在达到基本门槛的基础上，要参考一些个性化的内容；再比如，IB课程体系中，学生未来想要往哪个方向发展，在评价中就会提高相应方向的要求。

陈志文：中国高校现在也在探索综合评价招生的模式。但我认为，中国高校在综合评价招生推广的问题上要谨慎。并非是说这一理念或方式是错误的，只是目前不适合在中国进行大规模推广。

唐盛昌：您的考虑不无道理。我对美国大学录取情况比较熟悉。其实，美国高校录取首先要看的也还是标准化成绩。美国第一流的大学，要求学生的标准化考试成绩一般在90分（按百分制测算）以上，个别大学要求95分左右，并且要有约5门AP成绩且基本都要求是最高分，在此基础上再有非常明显的个性特长。

排名前30的大学，要求学生的标准化考试成绩可以稍微低一点儿，并基本都要求有3门AP课成绩，在此基础上再有相对还可以的个性特长。排名前50的学校，要求学生的标准化成绩还不错，并有一两门AP成绩。排名在50—100名左右的学校，只要学生标准化成绩好，基本上都可以录取。

陈志文：是的，标准化成绩是基本的门槛。第一流学校录取主要看学生的综合素质，是因为学生的标准化成绩基本都是满分，需要通过学生的个性特质来进行筛选。

唐盛昌：优秀的标准化成绩是进入一流学校的资格，过了这个门槛才看综合素质。

陈志文：而且，家庭背景优越的学生往往才可能表现出较高的综合素质。在美国，常青藤大学有17%的新生来自家庭收入在全美前1%的家庭，只有14%的新生来自家庭收入在全美后40%的家庭。像哈佛大学这类的大学，他们选拔学生的目的是选择未来更有出息的人，而不是最好的学生，这是两个逻辑。

唐盛昌：是的。曾任耶鲁大学校长20年之久的理查德·莱文讲过，如果一个学生从耶鲁大学毕业后，居然拥有了某种很专业的知识和技能，这是耶鲁教育最大的失败。耶鲁大学校长讲这句话是对的，因为耶鲁大学要培养的是领导人，而不只是具体的操作人员。

陈志文：所以说，这样的方式可能未必适合我们。

唐盛昌：对于国际上的一些评价方式，我们可以借鉴，但是也一定要建立在我们自己的现实情况基础上。

六、中国教育70年的伟大成就，创造自己的教育体系

陈志文：新中国成立70年来，您怎么评价我国在教育领域取得的成就？

唐盛昌：第一，中国构建了世界上规模最大、质量最高的基本教育体系。第二，从小学、中学到大学，中国各级各类教育的提升速度和幅度举世无双。就以上这两条来讲，我们已经足够伟大了。

中国教育有很多好的地方。先从小处说起，首先是我们的数学教育，从思路到方法都非常好。其次，我们的教学思路在基本知识的掌握方面有独到之处。第三，我国教育均衡的水平比较高。

国家教育一般分为三个层面：基本教育服务、优质教育服务和高端教育服务。我国的基本教育服务是世界上最好的，无论用什么标准来评价，

无论怎样高的评价，都不为过。这是我们最骄傲的事情，世界上其他国家没法跟我们比。

我曾经对很多国家的教育进行过比较分析，得出了一些结论。比如，美国的精英教育是世界上非常好的，但其基本教育服务不怎么样，美国中学的毕业率很低。再比如，芬兰的基本教育服务是按照优质教育服务的标准来做的，是世界上水平最高的，但非常有局限性，只有少量国家可以做，大部分国家做不了，包括英美。

陈志文：在这一点上，我跟您的结论一模一样。芬兰的社会发展水平比较高，2016年，芬兰GDP总量排在全世界第17位，其社会保障制度也是世界一流的，甚至超越了英美，是其他国家很难支撑的。

唐盛昌：在经济形势不好的时候，芬兰也是难以支撑高福利的。

但中国教育也有需要注意的地方。比方说，中国的优质教育服务有些偏，与创新人才培养混在一起了，很多地方没有弄清楚界限。再有，我们在创新人才早期培养上还比较欠缺，需要加以高度关注，因为这会影响到国家的进一步发展。

陈志文：如果一定要找一个中国教育能参考的样本，您认为是哪个国家？

唐盛昌：中国的教育体系是很独特的，在世界上并没有真正可以完全参照的对象，我们也根本没有必要找这样一个样本。这是由中国教育体系的几个特性决定的：

一是意识形态，教育必然与意识形态相关联，我们与西方的意识形态和价值判断体系是不一样的。

二是人口基数，中国人口总量已近14亿，中国的教育体系要把所有老百姓都要考虑进去，这是英美等国没法比的。因此，中国必然要创造我们自己的教育体系。

陈志文：您觉得中国教育体系接下来应该在哪些方面进行调整和提高？

唐盛昌：我觉得，需要从顶层设计上考虑两个大问题：一是高端教育服务怎么做，二是该怎么应对资本介入教育的问题。

当前最应该考虑的是高端教育服务，我们对高端教育体系的整体思考还较为缺乏。这是一个比较复杂的体系，我认为首先必须分类，科技、政治、经济等领域高端人才的培养是不一样的。我们可以将美国的高端教育体系作为研究样本。

另外，资本的进入改变了教育格局，这需要教育主管部门加以重视，现在很多课外培训机构的盈利比较高。

陈志文：我曾经做过一个研究，好未来集团在 2013 财年培训的学生人次为 82 万人，2018 财年增长到了 744 万人，2019 财年前三个季度总人次已达到了 951 万人，增长非常迅猛。减负可能是其中一个很重要的因素。

唐盛昌：说明这是学生和家长的客观需求，政府要想办法应对这一问题。

陈志文：对于"减负"问题，您是怎么看的？

唐盛昌：在中国，应该是超过 80% 的学生负担过重，而不是整体负担过重。在精英教育的模式下，学生负担怎么可能不重？我去其他国家的精英学校参观时，学生们告诉我，基本没有 12 点以前睡觉的。

陈志文：以旧金山著名中学惠特尼中学为例，一个高中女生的目标是"魔鬼数字 4"，即睡 4 个小时、喝 4 杯咖啡、考 4.0 的成绩，而且是天天如此。在美国，很多优秀的中学生下半夜睡觉是家常便饭，比国内要辛苦。

唐盛昌：一个国家有 10% 到 15% 的学生负担重，这是正常现象，高端人才的培养确实比较辛苦，但这样国家才有希望。

美国在这一方面的现状是，百分之七八十的学生负担不重，百分之二三十的学生负担很重。这是有一定道理的，我们不能要求所有的学生负担都很轻。

陈志文：中国教育现在应该考虑的是怎么把百分之七八十的学生负担减下来，而这背后其实是一个社会问题，是我们国家对人才评价体系的问题。社会拿分数量人才，学生和家长当然会追求高分。另外，现在中高考题目的难度越来越低，重复率越来越高，学生之间的差距缩小，区分度越来越低，但试题难度实际上跟学生负担没有关系。

要解决所谓的负担过重，一方面要解决社会评价问题，另一方面教育部门也要进一步优化技术因素。

唐盛昌：我赞成您的观点。

七、着力进行拔尖创新人才培养，增强中国整体竞争力

陈志文：您怎么评价我国目前的拔尖创新人才培养？您觉得有哪些问题？

唐盛昌：目前我们的拔尖创新人才培养还需要进一步建立完善的体系，进行深入思考。

在今天的大背景下，拔尖创新人才培养是中国竞争力的保障。一个国家的发展，没有顶尖人才是不行的。教育要保底，但不能封顶，我们不能把最优秀的人才都扼杀掉。

有一次，教育部想了解对美国九年级以下数学教材的意见，我们就与美国的一大批专家进行了会谈。会谈中有一句话我印象很深，他们说，基于目前年轻人的天赋，对他们未来发展所能达到的水平，怎么估计都不为过。就数学竞赛来说，有很多初中毕业的孩子已经进入国家队了。

陈志文：能否给我们讲一下您在拔尖创新人才培养方面是怎么做的？有哪些经验？

唐盛昌：在上海中学国际部时，我们借鉴了国外的经验并结合自己的情况，走出了一条我国创新人才早期培养的道路。对于拔尖创新人才培

养，我有以下几点认识：

第一，拔尖创新人才是分领域的，不是所有学生在所有方面都能够成为拔尖创新人才。我们要把那些在某一领域真正有天赋、有潜力，能够到达最高峰的孩子识别出来。理论上来说，这是可以通过一系列指标进行识别的，但目前这还是一个没有完全突破的世界难题。

陈志文：您用了一个词，是识别，不是选派。

唐盛昌：不是选派。看一个学生是不是真的有天赋，识别是第一个步。

第二，在拔尖创新人才的早期培养中，要注重思维方式和科学态度的培养，并且要结合学生的性格和思维品质特点。比如，对于在数学领域有天分的学生来说，思维的跳跃性和缜密性的完美结合是一个非常关键的素质，但这两者又是相对的。数学比较厉害的人，思维跳跃性非常强，通俗地讲就是反应非常快，但同时缜密性也非常好，也就是说要跳得准确。他们的第一反应往往是跳跃性的，然后回过头来看看是否正确，否定掉不对的，并且马上作出新的判断，具备这样素质的孩子就有点儿天才的味道了。

第三，在拔尖创新人才培养过程中，要注意到今天我们对于教育的很多想法都有了颠覆性的变化。首先，教育架构原本是以学科为基础的，现在出现了学科交叉融合的趋势，但还没有颠覆原本的架构，目前正处于一个转折期。有些人提出以课题或者项目作为主线做教育架构，那么问题来了，课题或者项目所需的各学科基础知识如何覆盖？在类似STEM的概念中，虽然已经有了跨学科的大思路，但是还没有能够实际落地的教育架构。

第四，人工智能的出现也引起了教育的变化。人工智能和人类智能是两个方向，人工智能是建立在大数据基础上对于事物的识别和判断，人类智能是在数据量远远不足的情况下，基于小数据的识别和判断。以人脸识别为例，人工智能是通过大数据的手段把人脸的每一个细节都记录下来形成模型，在识别时与人脸进行数据对比从而确定身份，而人类智能则是在没有经过数据测量的情况下，依靠感性认识很快在脑海中建立起模型，并做出识别和判断。在未来的教育中，哪些孩子能将人类智能和人工智能更好地结合在一起，哪些孩子就能成功。

陈志文：很有可能，我们过去认为是重点的基本知识，未来就不是重点了。

唐盛昌：对。所以我认为，这也使得现在的学习方法产生了巨大变化，比如我提出的黑箱学习方法。以前，我们在学习知识时必须循序渐进，一步步走，每一个环节都要搞懂，而现在，我们没有必要每一个环节都搞懂，完全可以采用黑箱操作方式，跳过其中的某个或某几个环节。

在黑箱运作的过程中，我们只需知道输入什么和输出什么就足够了，可以不知道是如何操作的，但不影响我的研究。

其实团队合作就是这样的，我把不懂的地方交给专家，告诉他们输入的条件，由专家进行运作，然后告诉我结论，我再用这些结论继续研究下去。

今天，如果我们还要求每个人必须循序渐进地把全过程的每一个细节都搞懂，是行不通的。人工智能的出现，意味着我们需要对原有的学习理论进行反思及创新。

陈志文：您对于人工智能在教育领域的应用有怎样的建议？

唐盛昌：人工智能的优势在于基于大量数据的即时性选择，如果用人工智能来强化以记忆为主的学习方法就误入歧途了。比如，什么是好驾驶员？原来好驾驶员只要驾驶技术好就行，车开得又快又稳就可以；而现在好驾驶员必须要进行路径选择，要马上知道如何能最快到达目的地，就必须借助人工智能 APP 工具。这就是人工智能和人类智能的结合，教育也应该往这个方向走。

八、专业能力、管理能力、社会能力，一名中学校长的素养

陈志文：您是学数学的，人大附中刘彭芝、深圳中学朱华伟也是学数学的，还有些中学校长是学物理的。对于中学校长来说，数学和物理是两个非常重要的学科。您觉得学科对一个人的影响有多大，它的主要价值和作用是什么？

唐盛昌：从某个角度讲，不同学科的风格是不一样的。学数学的人大多逻辑思维比较清楚，思路比较清晰，其表现就是能办成事情。从学校治理来讲，中小学所涉及的面比较小，所以学习理工科的校长就比较有优势，关键在于他能办成事情。一线的校长需要处理各种各样的问题。

但是，学理工科的人有一个非常大的局限性，形象思维往往不行，缺乏想象力，也就导致了视野受限、理论水平受限，这是需要突破的地方。

陈志文：我反倒觉得，理工科的学习其实为人的发展打下了基础，至于未来所能达到的高度还在于多读书，慢慢地打开视野，比如您。

唐盛昌：我的数学比较好，所以我的逻辑思维能力还可以，条理比较清楚。另外，人文艺术类的书我看得也多，从某种程度上来说跳出了理科思维的局限性。

陈志文：您是一位典型的综合发展的复合型人才。从您的角度来讲，一位中学校长应该具备什么样的素养？

唐盛昌：我觉得可以分三个不同层面的学校来考虑。第一个层面是县市级学校，校长具备在一两个点上做出成绩的能力就可以了；第二个层面是省市级学校，校长需要有一定的理论基础，能够提炼出自己的理念；第三个层面是国家级学校，校长要有独创性，要在某一个领域有独到的优势，包括个人魅力。

陈志文：我从另外一个角度来看，可以把校长所需要具备的能力分为专业能力和非专业能力。对于校长来说，具备专业能力之外，经营管理能

力、资源整合能力等非专业能力也很重要。

唐盛昌：是的，也可以总结为三种能力，一是专业能力，二是管理能力，三是社会能力。您提到的资源整合能力属于社会能力，也就是处理各种各样关系的能力。不同层次的学校在不同的阶段，对于校长这三种能力所侧重的比例要求是不一样的。现在，校长的专业能力不见得是排第一位的，管理能力、社会能力所占的比例越来越高。

对于我自己来讲，我觉得学校是教育人的地方，有几件事情我是不做的。第一，其他学校的老师，我不挖，那是人家辛辛苦苦培养出来的。第二，学生家长中有很多有名望的人，我从来不用这些关系。

陈志文：我们常说，一所名校的背后一定有一位名校长，而名校长的谢幕也意味着学校这一阶段发展的谢幕。所以在某种程度上，名校长的任期有多长非常重要。您对此怎么看？

唐盛昌：在这一点上，我的看法有所不同，做校长就是阶段性的。在你作为校长的这个阶段，要尽最大努力把学校建设搞上去，为社会作出应有的贡献。年龄到了，退了就退了，下一阶段的事就不要再去管了。

陈志文：如果请您对自己做个总结，您觉得自己最突出的特点是什么？

唐盛昌：不断地学习和思考吧。

陈志文：您觉得独立思考的能力是可以培养出来的吗？

唐盛昌：我认为，学习与思考的能力是可以进行培养的，但如果坚持学习与思考并能够达到一定的深度和高度，就不只是培养的问题了，也不是天生的。这要求人要有不断反思的能力，并且能以反思后的结论影响和指挥自己的行动。

陈志文：我们现在留学生出国遇到的问题多半不是英语问题，而是写作问题，不会写议论性文章，缺乏逻辑。而这种能力在国外则是从小就开始训练的，由此培养了学生独立思考的能力。

唐盛昌：这是做学问的基本能力，真正做学问，真正研究透一点儿东西，是要很下工夫的，是很累很苦的。

陈志文：我觉得学问能做到什么程度，一方面取决于基本的专业素养，包括扎实用心和基本的科研方法，另一方面还取决于天资。

唐盛昌：是的。

陈志文：父母和家庭环境对您的成长有怎样的影响？

唐盛昌：家庭对人的影响因人而异。我的父亲是建筑工程师，做建筑设计的，毕业于上海光华大学。

但对我来说，家庭对我的影响没有社会对我的影响大。对于人的成长来说，父母和家庭给了一个初始的参照系，会影响一个人对文化、对传统的理解以及对自己的定位和要求。但这只是初始参照系，并不是唯一或者说是最后的参照系。学校、同学、阅读的书籍等因素都会对一个人的成长产生影响，参照系会不自觉地变更。

陈志文：我是从遗传的维度来考虑这个问题的，我们的教育在回避遗传这件事。遗传有生理性遗传和社会性遗传之分。生理性遗传基本都是正向的，一般来说，父母有什么孩子就有什么。社会性遗传有一种是正向的，受父母耳濡目染的影响，还有一种是反向的，比如，父母在某些地方吃过亏，在教育孩子时就会刻意向反方向引导。坦率地讲，与同样努力的人相比，很多人勤奋未必有结果。

唐盛昌：勤奋是可以培养的，但是坚持就不是一定能培养得出来的了，要达到一定高度也是培养不出来的。

>> 王殿军

王殿军，1960年9月生于陕西。1982年1月在陕西师范大学数学系获得理学学士学位，1997年7月在北京大学数学学院获得博士学位。1997年8月至1999年7月为清华大学数学系博士后。1999年8月至2006年12月为清华大学数学系副教授、教授，先后担任过数学系研究生工作组组长、党委副书记、党委书记。2007年1月起任清华大学附属中学校长至今。

王殿军：教育的难点，在于如何将理念落到实处

一、人生是踏踏实实干出来的

陈志文：在您儿时的记忆中，印象最深的是什么？您那时候的理想是什么？

王殿军：上学之前，我最多的记忆是在田间地头，大人们干农活，我们小孩子一会儿玩草，一会儿观察一些小动物。

小时候，我觉得干一件事就要干好，很少想为什么要干。我父亲的想法相对比较清晰，他给我定的目标是好好读书，将来当生产队队长或会计。父母一直告诉我，读书是唯一的出路，只有读书才能改变命运。

陈志文：那时候能读书的人不多。

王殿军：对，大多时候我们根本不知道未来的路在哪里，但只要觉得这件事有意义，就应踏踏实实地做下去，把事情做好。在年龄小的时候，如果觉得父母希望我们做的事情有道理，就要好好去做。

陈志文：您觉得父母对您产生了怎样的影响？

王殿军：父母没有给我讲过什么人生道理，但是他们的勤劳和付出，是我一生的动力。我父亲没上过一天学，却认识很多字，字写得也不错，属于自学成才，在农村叫"白识字"。那时候家里穷，没钱买书，为了让

我拥有自己的书，父亲常常点着煤油灯抄书抄到很晚，写的都是小楷，当时我就觉得一定要好好读书，否则对不起父亲。他对我的一生影响很深，今天我书架上最重要的位置摆放的仍是我父亲抄的书。

我经常对家长们说，父母给孩子讲了什么道理不重要，重要的是要给孩子树立一个好榜样。

陈志文：身教大于言传，耳濡目染的作用是极为重要的。您读书时，学习成绩是不是一直都很好？

王殿军：是的。我八九岁上学，在村小读到三年级，考试基本上都是满分。之后，我到生产队的完小读到了五年级，每天走 1 公里路去上学。读初中和高中时，村支书和完小的校长为了让我们能就近上学，接连办了"戴帽初中""戴帽高中"，现在听起来有点儿像天方夜谭。

完小的校长是我舅舅，也是我们的政治老师，很有教育情怀。他是我们县中学的一名高中毕业生，学业成绩非常出色，毕业那年正好赶上取消高考，只能回村里教书。他做校长很有威望也很有成效，我们那一届同学（只有一个班，不足 40 位同学）中，出了好几个博士和教授。他对我的要求很严，高中时我们真的是凭兴趣学习，并没有明确的学习目标，但我基本上没考过第二名，始终都是第一名。

现在想来，我的运气比他好，高中毕业就赶上了恢复高考，也正因为我舅舅的严格要求，让我抓住了机会，1977 年考上了陕西师范大学。由此，我第一次走出了家乡，第一次坐上了火车，从小山村到了西安，当时心里比较忐忑，但也充满了兴奋和好奇。

刚上大学时，我有些自卑。因为同学们所接受的中学教育大都比较系统，基础也比我好。那个时候除了自己恶补也没别的选择，好在依仗从小锻炼出来的学习能力，我很快就知道了要学什么，怎么学。一年后，我就成了班里成绩较好的几个人之一了。我觉得，自信与自身实力是有关系的，否则就是盲目自信。

陈志文：大学毕业后您先是当了老师，20 世纪 90 年代又去北大读了博士。那时候博士招生人数很少，能考上是很不容易的。

王殿军：大学毕业时，正赶上延安市派人来学校挑选人才，号召我们回去建设家乡，我就去了延安大学担任数学教师。在20世纪80年代和90年代，我曾到西南大学进修过两次，基本上把自己专业方向的硕士课程学完了，还做了一些研究，写了一些文章。当时我特别想考研究生，但一直没机会。

后来，我北大的导师徐明耀教授看到我写的文章给我写了一封信，这封信使我的命运再次发生了转折。我的文章内容正是他所研究的领域，他问我有没有兴趣读他的博士，我当时激动不已。

博士毕业后，我再次回到延安大学工作。不久，国家出台了博士后制度，清华大学数学系要招1名博士后，我最终胜出了。此后就留在了清华教书，又相继评上了副教授、教授，直到有一天，组织突然找我谈话，让我担任清华附中校长。

我在和学生们交流的时候一直告诉他们，人生不是一切都规划好的，想做一件事就要认真去做，机会可能就在不经意间到来了。

陈志文：也正是因为您一直很努力，又有足够的水平，人生才会有转折。

您在北大清华都学习过，您怎么评价这两所学校？

王殿军：我觉得北大和清华的特点很不一样，但不存在好与坏的问题。北大给我最大的印象是大家在一个特别宽松的环境里讨论学术问题，不那么刻板，无论什么身份的人都可以尽情地发表意见。我感觉清华理工科的思维模式表现得比较明显，务实、含蓄、低调，做事一丝不苟，讲究程序和流程。

我希望这两所学校能加强互相之间的合作。思想上可以有不同的见解，学术上应该更加自由地交流和讨论。

二、数学有育人的功能，也是其他科学研究的底层支撑

陈志文：您小时候最喜欢的是哪个学科？

王殿军：我最喜欢的就是数学，当时数学书不多，但能找到的书中，很少有我解不出来的题。很多人可能很难理解那种解题的快乐。

陈志文：您觉得在当今这个时代，数学重要吗？

王殿军：在我看来，数学有三个方面的重要作用。第一，数学能够培养人的系统化思维，比如逻辑思维，数学可以促进一个人逻辑推理的严密性、系统性和严谨性，让我们的孩子变得更有智慧，这是其他学科无法取代的。这是数学最主要的育人功能。

陈志文：我非常赞成这个观点，数学最重要的作用就是对人的思维、逻辑等底层操作系统的培养。

王殿军：没错，这就是所有人都要学数学的原因。数学对一个人的智力结构和思维体系的搭建具有很大的作用。

第二，数学是研究其他科学的底层支撑，一个问题能用数学语言表达和描述就能进行科学研究，科学研究如果没有数学描述和数学建模，很难往下走。

陈志文：有人说数学是科学的语言。这让我想起了数学和物理的对比，物理更强调体系性，数学不仅要求体系性，还要求严密性。

王殿军：数学问题要经过逻辑推理证明，强调绝对真理。

第三，数学具有工具性和应用性，我们可以用数学的语言来描述复杂的社会现象或者自然现象，并用数学的方法解决问题。现代所有最重要的学科发展、科学发明、技术革新，没有数学都寸步难行，比如经济学、金融学、人工智能、大数据等，背后都是数学。

陈志文：您怎么评价任正非对数学的强调？

王殿军：我在与任正非交流时得知，华为手机将拍摄信息快速合成照

片的背后，就是数学。他说，目前完成这些算法的专家都是国外的数学家。我能感觉到他的复杂心情，他非常希望中国有优秀的数学家能够帮助他研究算法。我们在技术上想要赶超美国，就要先有这样的科学家，没有最优秀的人才就没有最先进的技术。我们就是要培养这种擅长创新型研究的人才。

华为推出了全球人才引进计划，我非常赞赏这种做法，但也在反思我们的教育。难道要靠从全球引进信息化领军人物来拯救我们的数学，拯救我们的科学教育吗？我觉得有点悲哀。作为教育工作者，多多少少有一点汗颜，有一点惭愧。

我们社会整体教育情况与任正非所期望的，还有很大差距。教育从业人员应该看到我们教育中存在的缺陷，应该勇敢地去更新理念，改进做法，让人才在中国大地层出不穷。

陈志文：您是否可以用通俗易懂的语言来介绍一下您的数学研究？

王殿军：我的数学研究实际上有点像交叉学科。我早期研究的就是代数，从初等代数到高等代数，最后到抽象代数。需要说明的是，抽象代数的研究对象已经不是数了，而是一个抽象的对象。对象越抽象，使用范围就越广，可以把任何对象代进去，只要满足一定的运算规律，即可得出相应结果。

三、奥数本身没有错，但并非衡量学生的唯一尺度

陈志文：您是怎么看待奥数的？

王殿军：与常规数学相比，奥数有一些特殊的内容，思想、方法和思路与常规数学不同。值得注意的是，奥数不是基础学习内容，也没有被列入教学大纲，并不适合所有孩子学习，奥数更适合一些在数学方面特别有天赋的孩子，为他们补充一些更具挑战性的教学内容。

此前有媒体报道，说我停了女儿的奥数课，也有人开玩笑说奥数题我也不会，其实真正的原因是，我认为我的女儿并不适合学习奥数，如果坚持让她学，她收获的一定是挫败感。我要找到适合她学习的内容，不一定非得学奥数。实际上她数学挺好的，几乎每次都是满分，最后学了金融。

我一直觉得，奥数本身没有错，适合的孩子学奥数也没有问题，但如果用奥数来筛选学生，或者要求所有的孩子都学奥数，这就有问题了。

陈志文： 也就是有些人说的，奥数无罪，有问题的是异化奥数的东西。

王殿军： 没错，不喜欢奥数的学生未必就是笨学生或者差学生。有的孩子喜欢社会科学，有的孩子喜欢自然科学，我们不能说喜欢社会科学的孩子就是学渣，喜欢自然科学的就是学霸。用奥数这一把尺子去衡量所有的孩子，这是不公平的。

陈志文： 您认为出现全民奥数的原因是什么？又该如何解决？

王殿军： 早期的奥数并没有今天这般兴盛和火热，后来出现全民奥数的现象，我认为最主要的原因是用奥数选拔和培养学生。对于学校来说，把奥数作为特色原本无可厚非。但问题在于，将奥数与择校挂钩，家长为了孩子升学会不遗余力地让孩子学奥数，不管孩子是否适合和擅长。

我认为解决奥数热的关键在于选拔学生的方式，不能仅仅用奥数作为衡量标准，单纯的奥数选拔无疑是弊大于利的。

我们可以学习一些发达国家的做法，不在入学的时候挑选人才，而是在孩子进入到学校后，再从中挑选加以培养。我们不能总把工夫用在入门的地方，而真正入了门以后又不一定下工夫了。

陈志文： 在学生的选拔上您有什么样的建议？

王殿军： 我认为应该全面选人。其实考试本身也是一种学习体验，是一种学习能力的反映。如果我们能在小升初时组织统一考试，中学就可以根据成绩录取学生，那自然就不存在用奥数选拔学生的问题了，所有的学生也就都有了接受优质教育的机会。选拔是教育体系为国育人的一个流程，在这个流程中人才自然会有所分流。

陈志文：我赞同您的观点。在保证学生接受小学、初中、高中教育权利的前提下，考试也是因材施教的一种手段，我们不应该把考试标签化、简单化。

王殿军：目前在义务教育阶段采取的是免试就近入学。发达国家目前也并没有实现教育资源的绝对均衡。

陈志文：发达国家的教育治理措施只是整个社会治理体系的一部分，基于较高的社会发展水平和较完善的社会保障体系，这是一件很复杂的事情。

王殿军：是的，一个国家的教育制度设计应该以本国的国情为依据，我们不能完全照搬发达国家的教育制度。

四、新高考尝试纳入综合素质评价，为学生发展提供多种赛道

陈志文：接下来想跟您聊一聊新高考。您怎么评价这一轮高考改革？有怎样的建议？

王殿军：新一轮高考改革加强了选择性，加入了综合素质评价等。

我对高考改革的建议是应有"三维"目标，即要包含三个方面的考察。

第一是文化课考试，不仅仅是高考，也应包含平时考试、期中期末考试、统考会考等，只是各自所占的比重不一样；第二是综合素质评价；第三是能力测试。当我们能将这三者整合在一起作为招生的依据时，中国教育的改革才能真正到位。

一个新制度让所有人都能懂，都能满意，都能欢迎，实实在在地讲，这是不太可能的。只要有魄力，勇于实践，是可以干成的。

陈志文：在新一轮高考改革中，有些省份纳入了综合素质评价，比如

浙江省推出的"三位一体"招生政策，您怎么看？

王殿军：我觉得浙江省很有勇气，这是一个巨大的进步，至少是朝着正确的方向迈出了第一步。目前看来，综合素质评价虽然还面临着许多困难，大家对于评价过程和评价结果还有一些争议，但我还是非常期待。我们要在符合教育规律的基础上，借鉴全世界发达国家的评价方式，认真研究我国的国情和现阶段的发展状态，制定综合素质评价的具体政策。

陈志文：我们为什么要在新高考中纳入综合素质评价？

王殿军：目前主流的应试模式，从小处说，无法将全面发展的素质教育落到实处；从大处说，长此以往，真正的人才很难成长起来。

应试教育越发达的省份，往往教师水平越高，经验越丰富，孩子的自由度越低，能力也未必强。因为极端的应试教育往往是用教师多年的智慧帮助孩子走捷径考高分。这样，学生就丧失了自己梳理、总结、提炼、消化吸收知识的机会，也不会有花几天时间解决了一个难题之后的那种兴奋。我一直认为，学习过程中经历的曲折才是学生成长的关键，某种情况下，越曲折的成长过程带给学生的收获越大。

很多人批评应试教育的原因是认为应试教育培养出来的学生综合素质不行。其实应试教育最大的害处是，为了提高效率，教师在教学中用自己的劳动和智慧让孩子省去了很多学习的过程。

陈志文：我们在人才评价中讲去"五唯"，毫无疑问唯分数是不对的，但在学生评价中，要求学生在所有方面都全面发展是否合理？

王殿军：综合素质评价并不代表要求学生全方位发展。打个比方，如果甲的跑步是强项，他可以利用跑步拿到高分；乙的跳高是强项，他可以利用跳高拿到高分，还有的人强项可能是游泳、篮球、绘画等。每个学生的强项是不一样的，但是通过某个数学模型的计算，他们的强项是可以等值的。

综合素质评价其实就是学生个性的集合评价，需要用一种比较科学的方法让每个人的个性特长在综合素质评价中发挥作用，而不是要求十项全能。

陈志文：综合素质评价为学生提供了各种赛道，这也就是您所开发的综合素质评价系统的意义。

王殿军：没错，综合素质评价更科学的说法是多维度、多元化的测试。

陈志文：样样都好，其实就是样样都不好。在我看来，素质教育首先是一种意识，有了意识，教什么都可以成为素质教育，教语文、教音乐都可以。

王殿军：是的。一个人不太可能做到样样都好，不要仅仅围绕考试转，要因人制宜，每个学生的个体素质就得到发展了。不过，也应该在最佳时期让孩子的素质得到全面发展，因为我们其实说不清哪一种素质会对人未来的成长与发展产生影响，世界教育史也证明了这一点。

陈志文：您如何看待减负？

王殿军：我觉得减负不是一个问题，我们要辩证地来看减负，要明白负担指的是什么。减负本来就是相对的，在普遍意义上提减负是没有意义的。比如一个120公斤的杠铃，对于一般人来说很难举起来，是负担，但是对于举重运动员来说，就相对容易些。

陈志文：不能一刀切，要尊重教育的基本规律，因材施教。有些孩子不喜欢学习，学十分钟都会觉得累，但玩游戏，三天三夜不睡觉也不会觉得累。负担其实就是心理感受。

王殿军：非常赞同你这个观点。我认为激发孩子学习的兴趣和动力，这才是真正的减负。

五、从清华大学到清华附中，为了培养心中理想的优秀学生

陈志文：您在到清华附中之前在清华大学做教授，为什么会选择到清华附中做校长？

王殿军：当时曾经冷静地思考过，觉得做中学校长对社会、对国家的

贡献可能比做大学教授要大很多。还有一个原因是，在做清华大学教授期间，我觉得很多孩子在中学接受的教育还不够完善，他们分数可能很高，但不是我心中理想的优秀学生。

我读书的时候，老师要求我们不能只会念书，也要会琴棋书画，还有体育、唱歌、写剧本、表演等。我现在经常琢磨，为什么在当年那种艰苦的条件下，一个农村学校的校长和老师能有让孩子全面发展的觉悟，而到了今天，我们大城市里的很多学校却把全面育人当成了一种应付。我觉得中学应该调整一下育人的方式。

在我心目中，优秀的学生对于人生要充满激情和正能量，很大气、很自由，有社会责任感，有更远大的抱负，而不应该对分数斤斤计较，只想着哪个专业赚钱，哪个专业最舒适。

陈志文：当校长是您实现自己教育理想的一个机会。可以看出，您自己的教育经历对您后来从事的基础教育工作也产生了一定影响。

王殿军：是的。每一位教师和校长的教育理念和教育实践，或多或少都会有自己当年接受教育时的影子。有时候回过头来想，我也发现自己的人生经历、教育经历对我从事基础教育产生了很大的影响，比如对教师角色的认知。

1977 年高考时，老师和我们一起参加考试，老师没考上，而我们班三个学习好的同学，包括我在内，都先后考上了大学，而且上的都是数学系。这让我意识到，许多学生真的会超过老师，而且是远远地超过。

我经常跟清华附中的老师讲，不能将自身的水平作为学生的追求目标、上限，甚至天花板。教师不是要把学生教出来，而是要引导学生学出来。我觉得，我们现在过于强调教师的水平了，大家往往用教师的学历、头衔来衡量一所学校的师资力量甚至办学水平。

陈志文：我认为这是误导。对于一所学校来说，优秀的学生、雄厚的师资以及学校的办学水平是一个良性循环。但是不能把顺序颠倒了，并不是只要有了优秀的老师，就能教出优秀的学生。

王殿军：优秀的老师要给学生创造好的学习氛围，为学生提供必需的学习条件，引导学生，激励学生，让学生对老师所教学科产生兴趣。当学生产生了学习兴趣，就会自发地去钻研，钻研的可能比老师还要深，学的还要多，能力还要强。这是一名优秀教师的任务。

当然，不同的孩子要有不同的激发方式，因为孩子是千差万别的，大道理不一定适用于所有的孩子。让孩子认真投入学习的方法应该是可取的、有效的，要因材施教，点亮孩子心中的梦想，启动他内心的发动机之后，无需再加力，让他自己运转就好。一个优秀的、有经验的老师肯定不会只用一招对付所有的孩子。

我们要思考的是怎样激发学生的好奇心，让学生自发、自主地产生学习动力。教师先把孩子领进门，然后调动孩子自身的好奇心和学习主动性，自发地去学习，遇到问题后积极向教师请教。教师不应该只是简单地给学生灌输知识。全靠老师手把手地教，最多只能教出和教师一样的学生，不可能教出超越教师的学生。

很多人对此不以为然，认为孩子自己学要耗费大量精力，会走很多弯路。其实，这是孩子成长的必经过程，如果不跋山涉水就一马平川，孩子是不可能得到锻炼的。我觉得好学生不是教出来的，但让一些孩子完全自学也是学不好的，教师在学生学的过程中要给激励，要给助力，帮助他们不断超越自己，获得学习的成功、成长的经验和继续钻研的能力与动力。

陈志文：最优秀的老师实际上是非常人性的。百人百样，对于不同的孩子要用不同的方法。

六、建立符合教育规律的评价体系，让清华附中 成为最好的学校

陈志文：这些年来，您在清华附中的管理中主要做了哪些工作？您最

骄傲的是什么？

王殿军：让孩子们明白要树立什么样的人生观，培养什么样的能力，有什么样的理想，这是我的首要任务。

清华附中的育人目标是理想远大、品德高尚、全面发展、学有所长，这也是我们老校长万邦儒所推崇的教育理念。这个目标看起来有点务虚，实现目标的关键在于有没有具体的行之有效的做法，教育过程能不能让孩子达到这个目标，支撑他们成为拥有这样素质的人。这些年来，不能说我做得有多好，但我一直在努力。

我觉得最骄傲的就是找到了一个把事情做成的规律。我做任何事情都有上中下的考量，由高端引领带动中坚力量再进行推广普及。要有一个先行者，由他作为领头人带动中坚力量，再由中坚力量带动一批人。只要是有意义的事情，无论是文化课学习还是社团活动，我一定会用这三层结构，金字塔式的推进。

陈志文：清华附中有一所非常独特的学校，就是清华附中国际学校，它是清华附中国际化一个非常重要的组成部分。您能否简单介绍一下建立这个国际学校的初衷？

王殿军：建立清华附中国际学校的初衷之一，是为了稳定清华大学全球招聘来的人才队伍，为清华大学建设世界一流大学服务。

于我而言，当时的理想不是要办一所能够帮助更多孩子实现出国梦的学校，而是要办一所有助于提高中国基础教育国际化水平的学校，使更多中国学生能够接触到具有国际元素和国际品质的教育。

当然，帮助外籍人员子女进入优质大学是我们的职责，但我更注重的是让清华附中的教育能从国际学校中吸收到营养、借鉴到经验，促进我们的教育理念和教学方法的国际化。

我们需要向国际教育借鉴和吸收的东西太多了，不是请一两个专家做讲座，带领教师参观参观学习学习就能够获得的。我们必须将一座鲜活的学校搬到教师身边，让它日积月累潜移默化地发挥作用。

清华附中国际学校办学 10 年来，可以说实现了我们在校园里建设一所比较纯正的国际学校的愿望，这对于清华附中中西融合的教育探索具有非常重要的意义。通过学校本部和国际学校之间相互观察、相互了解、相互借鉴和学习，老师们和学生们都受到了很多启发，相互取长补短，渐进融合，前景是喜人的。

陈志文：这其实是一种不同文化和思想意识的相互渗透、传播和影响。您觉得，与国外相比，我国的教育有什么不同？国外教育有哪些先进的内容我们可以吸收和借鉴？

王殿军：我觉得各国的教育体制都是适合本国国情的，但是发展到一定程度，各国对自己的教育也都会有不特别满意的地方。我们也在反思自己的教育，并且尝试进行改革。

我国教育与其他国家的教育有些不同，有很多可以向他国吸收借鉴的地方。比如，学生的评估评价方式，国外强调的是过程性评价。再比如，课堂的教学方式，国外强调的是学生的深度参与，学生是课堂上表达和交流的主角，教师是主持人，起穿针引线、引导方向的作用。这样的课堂更像是圆桌论坛，教师充分尊重学生，充分调动他们的积极性，对教师水平的要求更高。

陈志文：未来您想把清华附中办成一所什么样的学校？您接下来的梦想是什么？

王殿军：2016 年，清华附中制定了一个五年规划，我提出成为名校需要做好三个方面的工作：一是提高人才培养水平、提升办学成绩；二是进行教育改革与创新，为国家教育解决难题，起到引领作用；三是服务社会，在教育公平和资源均衡的问题上作出贡献。人才培养、改革创新、服务社会，这是名校义不容辞的三大责任。

建立信息化大数据教育评价体系，改善教育评价是我的下一个梦想。

目前，清华附中学生的综合素质评价系统已经建设完成，北京以及其他几个省份已经采购了该系统。基于教师行为大数据的教师评价系统也已经完成，并在清华附中应用了。这两个评价系统都注重过程评价，也就是发展性评价。未来，我们计划开发一套对学校进行评价的全新系统，使之成为办学过程中的重要依据。过去，人们对于教育评价的讨论大多停留在理论层面，我要做的就是将理论落实为可操作的实践。

建成全套的评价体系后，我希望通过这种符合教育规律的、国际化的中国教育评价体系的高效运行，让清华附中成为中国最好的学校，最国际化的学校，最具世界影响力的学校。

七、做一名优秀的中学校长，为孩子的未来负责，为孩子的一生负责

陈志文：您觉得作为一名优秀的中学校长需要具备哪些素质？

王殿军：我觉得可以从几个维度来讲。一名优秀的中学校长，首先要有丰富的教育经历和对教育的深刻理解。虽然我们人为地按照年龄等因素将人才培养分为了几个学段，但其实人才培养是一个全链条，校长要熟悉人才培养的整个链条，不能像铁路警察一样只管一段。人才培养就如同接力跑，要做好每一棒的衔接，否则即便某一段跑得再快，衔接不好也会出问题。

其次要有一定的境界和教育情怀，也就是要拥有正确的教育价值观和崇高的教育理想。做校长，办学校，让学生取得好成绩的目的是什么？是为了让自己成为名校长，成就自己？还是要成就学生？抱着不同的目的，做法就会不同。校长要站在国家未来发展的层面去培养人，要从国际视角去思考人才培养的方式。我们的教育不是要为今天培养一个高分考生，而是要为国家的未来发展培养一个人才。校长必须是一个理想主义者，不能太功利。

最后要有长远的战略眼光。优秀的校长应该具备对教育前瞻性的判断

能力，除了关注学生长远的发展，还要预见未来国内国际教育的发展趋势和方向，作出综合预判，这是一种战略思维能力。今天的努力一定是为了未来，既要做好今天，又要想到未来。

只让孩子看到今天，这是一般水平的教师；能让孩子看到两三年以后，这是一名普通的校长；能让孩子看到八年十年以后，这大概才是一名教育家型的校长。

陈志文：作为一名校长，您觉得对于一所学校的发展来说，最重要的因素是什么？

王殿军：这个问题很复杂。我觉得学校的发展要靠正确的理念和方法，这是最根本的。

陈志文：教育理念是根本，但是也需要方法让理念得到落实。

王殿军：是的，要通过更加科学有效的教育教学方式，在现有的条件下提高人才培养效率。教育的难点在于如何把先进的教育理念落实在日常的教育教学实践中。

陈志文：您觉得自己最大的优点或者特点是什么？

王殿军：我觉得自己最大的优点是特别善于思考。

陈志文：从我的角度看，觉得您做事特别用心。

王殿军：也可以这样理解，如果做事不用心那也就不会去思考。我是全身心地投入，想把我认为有意义的事情做到最好，每天都在想、都在琢磨，这也是用心的一种表现。

我经常想，作为一名校长，我拥有清华附中这样的平台和机会很难得，学校里数千名孩子未来的一生，可能就取决于我今天如何管理学校，如何办好学校，如何安排好教学。这是个很重的担子。所以，我容不得自己懒惰。

但是，在学校的管理上，我的方式是放手。我将宏观的理念、方向、结构搭建好后，其他工作都要充分依靠广大的教师。作为校长，把学校发展的战略布局制定好，要充分调动领导团队和教师团队的积极性，使学校能够高效运转。

陈志文：站在今天回望过去，您觉得担任清华附中校长这 10 多年，是否实现了自己的理想？

王殿军：实现了自己的部分理想，我少年时代、中学时代成长中的一些宝贵经验在清华附中得到了实践，我的许多思考也切实得到了落实。

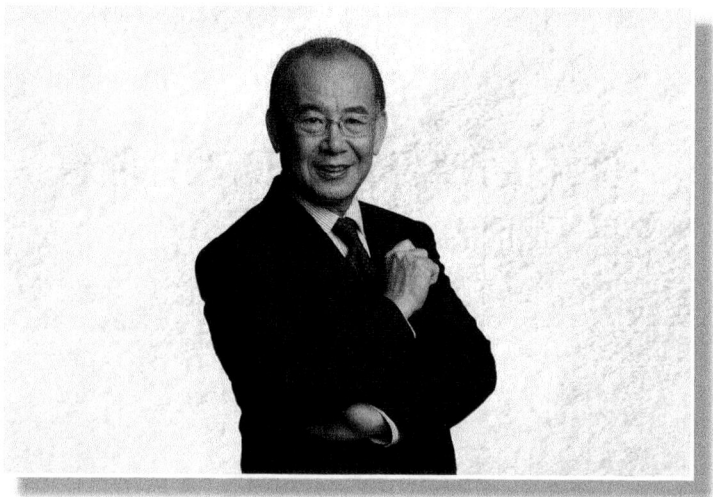

》》吴颖民

吴颖民，男，1950年生，广东省汕头市人，中共党员，1976年毕业于华南师范大学化学系。研究员、博士生导师、广东省特级教师、享受国务院政府特殊津贴专家。

1996—2013年任华南师范大学附中校长，期间曾兼任华南师范大学附中党委书记，华南师范大学党委常委、副校长，华南师范大学教育发展中心主任等职。曾任广东省人民政府副总督学，第九届、第十一届广东省人民代表大会代表。

现任广州中学校长，广州市天河区教育顾问。

吴颖民：一位好校长要有自己的教育理想，这是大前提

一、不要小看基础教育，学问大得很

陈志文：您从事基础教育工作已经40余年了，当时，您进入这一领域的契机是什么？

吴颖民：1978年，全国科学大会召开，向全国人民发出了向科学技术现代化进军的号令，发展科技，基础在教育。而发展教育，需要大量教师。我在华南师大读书时，老师们对我比较欣赏，想把我从中学调回高校做研究，但省教育厅则不同意我离开基础教育战线，后来经过协调，我最终被调到华南师大附中工作。

这是历史的选择。如果问我是否有遗憾，我觉得人生没什么可遗憾的，也是这个选择让我跟基础教育结下了不解之缘。当时，华南师大附中的老校长跟我讲，不要小看基础教育，基础教育一样有学问，而且学问大得很。

陈志文：这也算是阴差阳错。如您刚才所言，其实人生无所谓遗憾不遗憾，只要自己用心做了，就没有遗憾。

吴颖民：是的。

陈志文：从华南师范大学附属中学到广州中学，您做了20年中学校

长。您觉得，做好一名中学校长，需要具备哪些能力或者素养？

吴颖民：第一，一位真正的好校长要对好的教育有深刻的理解，有自己的追求，这是大前提。

学校是人才培养的专门机构。一名中小学校长，必须要理解中小学这个特定阶段对于孩子们未来的成长意味着什么？要知道他们需要什么样的学校教育，应该学习什么，获得什么样的素质？校长把这些问题想清楚了，才能保证学校发展的正确方向。

孩子在中小学阶段不仅需要长知识，长身体、形成性格、形成习惯，而且人生观、世界观、价值观的形成等都基本在这个阶段完成。尤其是对于思维方式的形成来说，中小学阶段是一个关键期，一旦养成了某种思维方式，之后是很难改的。

校长对于好的教育、好的学校要有自己的判断，好的小学是什么样的，好的中学是什么样的，一定要有自己的想法，否则工作就是盲目的。校长对于好学校各个方面的理解（包括课程、教学、师资、管理、风气、人际关系等），就是一名校长的教育理想。

第二，一位好校长不仅仅是一个好的管理者，更要成为一位好的领导者。领导者和管理者最大的区别在哪儿？我认为，领导者应该是领路人，要担任向导的角色，不能把主要精力放在具体工作上，而是要为大家带路。校长要知道该往哪里走，调整好目标，也要知道如何走，凝聚集体的智慧，把教师动员起来，把学生组织起来，带着大家一起往前走。

陈志文：也就是指方向。

吴颖民：是的。目前，我们有些校长忙忙碌碌的，很努力也很辛苦，但是不看路，不知道方向在哪儿，也不知道自己在忙什么，到头来感觉很累，但是又没有什么建树。

第三，一位好校长要熟悉教学工作以及一些基本的管理知识。校长首先应该是一名好老师，是教学的好手，这非常重要。学校最主要的工作就是教学工作，校长要了解教学的全过程，才能对教学工作有发言权。如果校长是教学的门外汉，对教学工作的各个环节都不了解，很难让老师们信服。

陈志文：这是校长的专业性。

吴颖民：是的。校长也要具备一些管理方面的知识和能力。现在很多校长都是从好老师中选拔上来的，好老师成长为好校长还有很长的路要走。好老师关注的是学科教学，研究的是怎样吸引学生热爱这个学科，如何把自己的学科教好，但校长不能只关注学科教学。

也并不是所有优秀的老师都适合做校长，有些老师擅长的就是教学，不善于组织协调，所以未必可以扮演好一个校长的角色。学校是一个庞大而复杂的组织，要跟政府、社会、家长、学生、教职员工等多方面打交道，这些都需要具备管理能力和管理知识。

第四，我觉得一位好校长要有个人魅力，比如，人格、品性、自律精神等。学校是学习的地方，一位好校长首先必须是一个好学者，然后才是一个为师者。现在有一些老师自己都不爱学习，怎么能让学生爱学习？这是很致命的问题。

作为一校之长，不能只要求老师好好教书，学生好好学习，自己却不学无术，不思考，不与时俱进。如果没有与时俱进的知识，没有与孩子们贴近的语言，没有能跟他们产生共鸣的话题，怎么能得到孩子们的喜欢？怎么能成为一名好校长？显然是不可能的。

所以，我认为校长必须是好学之人，爱学习、爱琢磨、爱思考，是一个学习的榜样和楷模。校长爱学习，老师们就会爱学习，学习风气浓浓的，就可能成为一所好学校，这是一个非常重要的逻辑关系。

陈志文：我理解您讲的个人魅力，是做人，是身教重于言传。

二、把华南师大附中推向新高度

陈志文：您在华南师范大学附属中学工作了 35 年。在您心目中，华南师大附中是一所怎样的学校？

吴颖民：华南师大附中的办学历史非常独特。它的前身是一所美国传教士创办的学校，也是岭南大学的起点，也就是创建于1888年的广州格致书院，后来书院发展成大学，大学继续办附属中小学，就演变成岭南大学附中。1952年，院系调整时，岭南大学附中与中山大学附中、广东省文理学院附中、华南联合大学附中合并成为华南师范学院附中，1983年，随大学更名改称华南师范大学附属中学。合并的四所附中，各自有不同的历史，造就了华南师大附中多元化的特点和包容的文化。

"以人为本，敢为人先"，是华南师大附中的传统。而其不拘一格，与生俱来的改革创新基因，为后来推行的一系列改革和创新奠定了文化基础。

陈志文：您最欣赏华南师大附中的哪个特质？

吴颖民：我觉得是"不随大流"。比如，大家都在追升学率，搞各种花样将应试教育做到极致，但华南师大附中不跟风，坚持走遵循教育规律、促进学生全面发展之路；别的学校增加考试科目课时、减少非考试科目课时，我们坚持按国家规定开足开齐相关课程；别的学校总想把学生的时间占满，我们让学生拥有更多的自由支配时间和学习自主权。

有人评价华南师大附中是一所"放羊"式的学校，学生比较自由，比较独立自主。这也是华南师大附中与其他学校相比最大的不同。我们认为，只有让学生独立思考、独立学习，才能走得更远。

陈志文：回头看，华南师大附中给您带来了些什么，您又为华南师大附中带来了哪些变化？

吴颖民：如果说我今天在基础教育领域做出了一些成绩，有了一点名气，这与我在华南师大附中的经历是分不开的。在这里，我首先是一个受益者，然后才是贡献者。我在这里得到了很好的锻炼和培养，华南师大附中的领导、老师们对我非常厚爱。

华南师大附中本身就是一所非常优秀、非常有内涵的学校。1978年我到学校工作时，华南师大附中已经是广东省首屈一指的中学了。把华南师大附中推到一个新的高度，可以说是我和我的同事们共同为华南师大附中作出的一点贡献。

陈志文：担任华南师大附中校长 17 年，您觉得自己获得了哪些成绩？

吴颖民：华南师大附中能取得今天的成绩，是学校历届校领导班子一代一代接力跑带来的结果，不是某一阶段的某个人所为。目前为止，在华南师大附中 100 多年的办学历史中，我是任期最长的一任校长。我也正赶上了最好的时代——改革开放的时代、鼓励创新的时代，很有幸能在这样的时代中做一些事情。

现在回想起来，在华南师大附中做校长的这 17 年里，我印象最深的有以下几件事。

第一，系统梳理了学校的发展历史。过去，我们往往把 1952 年四校合一作为附中的起点，没有追溯这几所学校的历史，没有挖掘这几所学校的文化传统，但我希望能追根溯源、理清学校发展脉络。我们把学校的发展历程做一次系统梳理，重新确定了学校的起点，进一步凝练了几十年来学校的精神和风格。

第二，在继承传统的基础上，系统梳理、总结了华南师大附中的文化理念体系。华南师大附中历史上的历任校长有很多经典语句，但是不成体系，包括办学宗旨、办学理念、办学目标、办学追求、学校精神、校训、教风、学风、校风等。

第三，推动了华南师大附中课程体系的建设，融合国家课程、地方课程、学校课程，形成了具有独特风格特点，能够满足人才培养需要的课程体系。

过去，很少提到某一所学校要有自己的课程体系。但我认为，一所高品质的学校应该具备独特的、有自己风格的课程体系。课程体系是培养什么人的决定因素。学校要培养什么样的人，就应该有相应的课程体系，然后才能决定采取哪种合适的培养方式以及评价管理方式。

陈志文：课程体系是抓手。

吴颖民：对。我认为，我们首先应该明确要培养什么人，这是最重要的。然后，如何保证培养目标的达成，这就需要有完善的课程体系。如果完全采用国家课程体系，就很可能缺乏个性，也难以满足学生不同的发展需求。

培养有理想信念、有全面素质、有独特风格、有个性特长的人才，需要整合国家课程、地方课程、学校课程，尤其是学校课程，包括文化课、实践课、研究课、活动课等，构成一个能够达成育人目标的课程体系。

第四，推动了学校信息化建设。一所高质量的学校必须要很好地运用新技术。因为新技术不仅可以提高效率，最重要的是可以改变育人模式、教育教学方式、管理方式、评价方式等。华南师大附中抓信息化建设还是比较早的，从 1997 年开始我们就建设了先进的校园网，老师们用上了笔记本电脑。

另外，就是在国际化方面做了一些努力，一是与国外一些名校建立了姐妹学校关系，定期交流；二是建立了国际部、国际课程中心等。

开设部分高水平的国际课程、引进国外教育某些先进的教学方法，也是华南师大附中推动学校自身改革的手段，让我们能在更广阔的国际视野下创新学校的育人方式，对学校追求更高品质的教育有着重要影响。

我们不能做井底之蛙，国际化可以让我们看得更多，看得更远，同时也有更多参照系，从而避免在探索新路时犯大的错误。

三、办一所有"广州味"的新中学

陈志文：您卸任华南师大附中校长 4 年后，2017 年再次出山担任广州中学校长，初衷是什么？

吴颖民：广州中学是在天河区的积极倡导下创办的。此前，以广州这座城市命名一所中学的事情议论了好几年，有些不同意见，最后广州市主要领导下了决心，将广州中学这个沉甸甸的学校名称，交给了天河区，由天河区负责创办。广州中学能够成功创办，也是受到了北京市朝阳区创办北京中学的启发。

广州中学决定创办之后，由于遴选校长时间紧迫，一时找不到合适的人选，后来区领导多次登门拜访，盛邀我担任创校首任校长。这件事让我有些为难，一方面是我已经退休3年了，刚从过去几十年繁忙紧张的生活节奏中走出来，家人也不太赞成。另一方面，作为在天河学习、生活、工作了40多年的教育人，我对天河这片土地充满感情，也心存感激。我犹豫了一段时间，最后还是盛情难却，也是因为自己对于教育梦想的追求还没有完全实现。

陈志文：广州中学可以说给您提供了一个新的舞台，去实现一些您的教育理想。广州中学和华南师大附中肯定有所不同，您在这个新舞台上是否遇到过新挑战？

吴颖民：挑战还是蛮多的。首先就是办学自主权，也是我同意担任校长时提出的第一个条件，实际上也是我最担心的。

华南师大附中之所以能办成一所有品质、有风格、有特点的学校，可以总结为以下几个主要因素：第一，有一个稳定的领导班子，大家志同道合，都是有理想信念、有教育追求的，而且每一任校长的任职时间都很长，能把想法落到实处；第二，有比较充分的办学自主权，这是非常重要的；第三，有一支比较好的师资队伍，能够高质量的落实学校的办学理念。

陈志文：您希望将广州中学打造成一所什么样的学校，或者说您心目中理想的学校是什么样子的？

吴颖民：我曾为华南师大附中和广州中学的发展分别提出过五个关键词，但是有所不同。这也是我近20年来，对教育的理解不断加深的结果。

2000 年，我给华南师大附中的未来发展提出的战略目标是：优质化、特色化、规模化、国际化、现代化。优质化是指在先进的质量观引领下不断提升教育质量；特色化是指不断彰显个性风格；规模化是指要扩大优质资源，进一步传播好的经验；国际化是指要让学校的办学有更开阔的国际视野和更多的国际互动；现代化是指学校各方面都要不断与时俱进，包括观念、队伍、育人模式、设备条件等。

而我到广州中学之后，提出了另外五个关键词。

一是智能化。在信息时代，一定要把信息技术更多地应用到教育上，包括教育教学、管理评价等，尤其是运用人工智能、大数据等优化教育。

二是人文化。学校要具有浓郁的文化气息。广州中学以广州城市命名，更要传承广州文化，弘扬广州精神，代表广州形象，要有浓郁的"广州味"。

三是生态化。包含两重意思，一方面学校地理位置靠近高山、森林，希望有更好的自然生态；另一方面希望建立更健康的教育生态，更加尊重教育规律。

另外两个关键词是国际化和现代化，与华南师大附中是一样的。我希望在广州这样一个开放的窗口城市，广州中学能有更开阔的国际视野，更多元的国际交流，也能够在观念、课程、教学、管理、评价、队伍、条件等方面实现全面的现代化。

陈志文：从教育的角度讲，您是进入了另外一个境界。

吴颖民：应该说，这是我的新追求。

四、学校要有一定的办学自主权

陈志文：您提到的办学自主权包含哪几个方面？

吴颖民：我认为办学自主权应该包含以下几点：第一是人权。我希望我校的师资队伍是可以调整的，一些不愿意接受和践行学校倡导的新理念新要求的教师，区里要帮我们做调整，有适当流动。

第二是财权。学校做好预算后，在资金的使用上应该有比较大的自主权。

第三是事权。学校在法律和政策允许的范围内，开什么课，办什么活动，搞一些创新，要有自主权。

陈志文：从办学自主权这个角度看，您觉得我们基础教育的发展存在什么样的问题或挑战？

吴颖民：我觉得教育改革要在治理体系上下功夫。现在基础教育存在的突出问题还是体制机制问题，是我们的治理体系问题。讲了多年的现代学校制度还没有建立起来，对外，学校与政府、社会的关系不清晰；对内，校长、老师、家长的关系也不清晰。学校的治理结构有问题，就很难办出水平，办出活力，办出特色。

总体而言，我们的教育缺少活力。原因是什么？我们讲了很多年，要建立现代学校制度，要实行管、办、评分离，要深化放、管、服改革，就是因为现在的办学机制不够灵活，学校活力不足，治理体系较僵化，校长没有充分的办学自主权。

其实，不是校长、老师不学习、不思考、不想创新，而是由于长期办学自主权不足，他们要做的"规定动作"较多，可以做的"自选动作"较少，只按要求完成统一的规定动作，慢慢就容易形成一种听命于上级的惯性，上级怎么讲我就怎么做，不去思考。但如果校长、老师都不去思考，学校就不会有活力，也不会有创造性，就会千校一面、没有个性特色，也容易导致大家拼命去追求升学率。

中国的基础教育完全可以做得更好。

我们现在的创新人才培养也是这个问题。当前，中国拔尖创新人才较为不足，在重要领域的重大研究成果也不够多，尤其是原始创新。而这些成果的取得，往往源自于年轻人对未知领域的好奇，以及敢于探索未知领域的冒险精神。

可惜的是，这种好奇心和冒险精神在孩子读小学、读中学时往往就被压制住了。我们的中小学教育，不够注重鼓励孩子们独立思考、有独特见解，鼓励他们多问为什么还不够，较多鼓励孩子们揣摩标准答案，一旦靠近标准答案，思考探究就会戛然而止。久而久之，他们的思维就容易固化，形成追逐标准答案的思维定势。如果在孩子好奇心最强的年纪不让他们刨根究底的提问，那么长大自然也就不会再提问了。不问为什么，自然也就没有了创造性。

陈志文：您觉得这是治理的问题还是评价的问题？

吴颖民：我觉得这两个原因都有。一方面是治理的问题，一定要进一步去掉"官本位"思想，深化放、管、服改革。在治理体系中，主管部门要转换角色，集思广益，制定一个符合规律的目标，并提供资源支持，做好必要的检查督导，做好评价奖惩。

另一方面是评价的问题。我的建议是，政府完全可以把部分评价委托给第三方，由专业的社会机构去完成，这样既能做好政府职能转变，也能保障评价的专业性。

陈志文：将评价委托给第三方机构，很多人有所担心，因为必须考虑诚信的问题。

吴颖民：确实存在这样的疑虑。但我们不妨借鉴一下对财政资金使用的评价，过去都是以审计部门为主，但现在会计师事务所、审计事务所越来越多，已经形成了一批第三方专业机构。而这些机构要在市场经济、法制环境下生存发展，就必须要建立和珍惜自己的服务品质和品牌信用。

我认为，这需要一个发展的过程，让这些评价机构（研究所、研究院、测评中心）接受市场的考验，追寻它们的舞台，成为真正有信用、不可能被收买的专业评价机构，如美国的 SAT、ACT、TOFLE 等。

陈志文：我觉得，可能也需要注意文化的问题，美国的社会治理体系是以个人诚信为基础的。

吴颖民：是的，但是将评价委托给第三方专业机构将是未来的发展方向。中央已经提出来要让第三方专业机构参与教育治理了，这也是为什么要扩大教育督导队伍的原因。从事教育督导的，必须是熟悉基础教育的专业人士，各级督学有很多是刚从一线退下来的德高望重的校长、专家等，拥有很高的专业素养和社会声誉，不太容易受到利诱而影响评价的公平公正。

五、劳动教育的现实意义非常大

陈志文：要德智体美劳全面发展我们讲了很久，但最近两年才更加重视劳动教育。这让我回想起以前我们读书的时候，通过学工学农深刻体会到了劳动教育的价值和意义，而现在的劳动教育有了很大的变化。您怎么理解劳动教育？在实施劳动教育的过程中，我们应该注意什么？

吴颖民：如今我们再次强调劳动教育，时代背景已经不同了。过去，我们强调劳动教育，是基于国家还处在"一穷二白"的生产力发展水平不高的阶段，还是一个比较贫穷的国家，特别需要有流大汗、出大力的劳动能力和艰苦奋斗精神，亟需培养学生具有热爱劳动、尊重劳动人民、能够吃苦耐劳的良好品质。在当时的环境下，强调劳动教育是正常的，既是形势的需要，也是环境使然。

但此后，我们确实有一段时间忽视了劳动教育。这是有原因的。

改革开放后，劳动生产率得到了极大提高，社会商品极大丰富，人民群众生活水平不断提高，已经摆脱了经济短缺所带来的生活困境，体力劳动大多已被机器或更先进的工具替代。因此，一部分人心中就产生了一个误区，觉得劳动不一定是必须的，劳动观念、劳动能力和品质也不再像过去所强调的那样重要了。

实际上，劳动有很多种形态，包括智力劳动、体力劳动、创造性劳动、重复性劳动、简单劳动、复杂劳动等。在社会财富快速增长、持续积累的今天，我们更应该尊重他人劳动，特别是人们通过劳动创造的知识财富，尊重知识产权。

我认为，现在强调劳动教育有非常重大的现实意义，关系到未来我们成为发达国家后，年轻人能不能保持中华民族勤劳勇敢的优良传统，能不能延续艰苦奋斗、自强不息的精神。

不可否认，在如何认识劳动的问题上，目前确实出现了一些危机。物质生活条件变好后，社会上滋生了鄙视体力劳动的倾向，觉得体力劳动低人一等，认为坐办公室、做白领才有出息，坚决不肯做蓝领，这也影响到了大学生就业。目前看来，大学生就业出现困难，不是因为大学毕业生供过于求，而是结构性失衡。其实并非大学生没有工作机会，而是他（她）们不愿意去基层、去欠发达地区，觉得待遇或者工作环境条件没有达到他们心中的预期。

我们讲劳动最光荣，首先要明白，不管是脑力劳动还是体力劳动，只要诚实劳动就是光荣的，劳动才能创造财富，才能带来社会进步。

另外，年轻人特别要形成尊重别人劳动成果的意识。不管是物质成果（如粮食、手工艺品）还是精神成果（如软件、文章），都应该得到尊重，因为这涉及到我们和自然界的关系，还涉及到人际关系甚至国际关系。我们不能培养看不起劳动人民、不爱劳动、好吃懒做、贪图享乐、想不劳而获的人。

六、"减负"不能一刀切，要区别对待

陈志文：您怎么看减负？

吴颖民：对于减负，我历来的观点是不能一刀切。我认为，从大方向来看，减负是对的，因为中小学生普遍课业负担过重，而且一些负担是不

必要的。

原因有几个方面。一是规定动作过多。如果没有过多的规定动作，学生可以自由选择，负担就会减少很多。二是重复性劳动太多，而且效率较低，一些负担仅仅是为了提高单位时间内的做题速度以及答对率，一旦考试不需要了，这些知识和能力就没用了。

我最近在读哈佛大学戴维·珀金斯教授所写的《为未知而教，为未来而学》这本书。其中有几个非常重要的概念想分享给大家：一是如何选择有生活价值的知识，并以此来衡量现在的学习内容；二是教育应如何帮助孩子们更好地建立全局性理解。

现在很多孩子专业知识学得很深，但是不太会思考问题，遇事不知道该如何判断和选择。他们所学的专业知识对于提升全局性理解能力帮助不够大，也不知道该如何利用这些知识创造美好生活。我们的教育中有较多这样的例子，所以负担过重是必然的。

那么，如何减负？我认为要针对不同的情况选择不同的路径。第一，不同孩子的负担不一样，同样的负担对于不同孩子的效果也不一样。第二，同样的负担对于想挑战自我的人和想逃避责任的人来说，也不一样。首先要激发孩子的学习动机，让他们有更强烈的求知欲望，愿意挑战自己。

通常来讲，抱怨负担过重的学生分为两种。一是基础知识薄弱的学生，抱怨规定动作太多；二是不爱学习的学生，觉得要学的东西太多。

而学习能力强、基础好、爱学习的学生往往不会抱怨负担过重，他们更多的是抱怨学习自主权被一些无用功占据了，做了太多无意义无价值的事。

陈志文：我觉得还有一点不能做，就是不能封顶。

吴颖民：是的。好学生是有能力多学一些的，不让他们学是不对的。

所以，减负应该区别对待。比如，作业可以有弹性、有选择，也可以采用分层教学，让学生和家长有一定的选择权。

另外，减负的效果与老师的素质有密切关系。如果老师的素质不提高，都采用题海战术，想用大运动量、重复训练来提高教学质量，负担也是没办法减下来的。

七、中国教育的明天一定会更好！

陈志文：您对新中国成立后基础教育的发展，印象最深的是什么？

吴颖民：我对改革开放后，中国基础教育发展的一些转折点印象深刻。

首先就是 1977 年恢复高考，带来了整个基础教育教学秩序的重建，我对这个过程印象很深。我们推翻了很多东西，也捡回了很多东西。

后来，发展到 1990 年前后，应试教育越来越突出，出现了重智的倾向，导致孩子的世界观、人生观、价值观开始出现危机，之后的 10 年我们一直在纠偏。

到 20 世纪初，经过近 20 年的探索，我们对基础教育有了更加全面的理解。1999 年，中央提出了素质教育的概念。新世纪的第一个 10 年，应试教育的倾向得到了一些遏制，但还没根本转变过来，对如何遵循教育规律科学发展也还没有一个很好的认识。

2010 年左右，国家开始对教育改革发展进行中长期规划，颁布实施了《国家中长期教育改革和发展规划纲要（2010—2020 年)》。

总体来说，教育是有规律可循的，每个阶段都会有较为突出的矛盾和问题，因为国家大、人口多，"跟风"的惯性也比较大，纠正偏差容易会走极端，然后再重新纠正过来。

陈志文：在某种程度上，这也是一种螺旋式的上升和轮回。

吴颖民：是的，所以每一个转折点留给我的印象都非常深。我觉得，非常庆幸我们始终保持了清醒，对可能出现的危机和问题都有很好的预见。

现在有个高频词叫"坚守",我觉得很重要,一定要坚持自己的价值追求,要坚守自己做人做事的底线,坚持对国家负责和对孩子负责的统一,如此才不会左右摇摆。

陈志文:现在有个词叫"不忘初心",其实"坚守"就是不忘初心。

吴颖民:是的。教育不要随大流,不要追时髦,这很重要。

陈志文:谈到应试教育,最核心的就是高考这根"指挥棒"。近些年来,我国开始了新一轮高考改革,明确提出将采取综合评价、多元录取的方式,您怎么看这轮高考改革?

吴颖民:我觉得,基于目前的国情,这是最好的方案,更好的方案是有的,但未必可行,还得一步步来,不可能一步到位。更理想的方案应该是进一步扩大大学的招生自主权,以大学的多元评价引导学生多元发展,这是一个非常重要的方向,但目前还做不到。

当大学能够更多地采用自己的衡量标准进行招生时,才有可能促进基础教育更多地去改革与创新,才能起到对基础教育不拘一格培养人才的指挥棒作用。

然而,大学招生自主权的扩大,又是基于社会对大学的信任的,比如,更好地进行自我约束、正确行使招生自主权。

陈志文:就是所谓的公平公正。

吴颖民:没错,改革不可能那么快。所以我认为现在的方案是基于目前国情和现实条件的最好做法。一方面,新方案至少让孩子们有了一定的选择权,不再是过去的规定动作,可以扬长避短。另一方面,评价也更加多元化了,除了成绩,还加入了一些过程性评价、综合性评价。

陈志文:在您看来,新中国成立70年来,我们的教育获得了哪些突出成就?对于未来的发展,您有哪些建议?

吴颖民:我觉得新中国成立70年来,教育上取得的最大成就是建立了具有中国特色社会主义的教育体系,包括学前、小学、中学、职业教育、高等教育，以及民族教育、特殊教育，终身教育体系也已初步成型；在一个有近 14 亿人口的发展中国家，不仅全面普及了义务教育、基本普及了高中教育，而且高等教育也正在迈进普及化阶段，这是一个举世瞩目的了不起的伟大成就。

对于未来发展的建议，我觉得最重要的问题是，如何把我们的教育体系变得更有活力。我们要围绕这个目标，把所有影响中国教育活力的问题找出来，并逐一解决。

我相信，中国教育的明天一定会更好！

>>> 张志敏

　　张志敏，男，汉族，生于 1952 年 9 月 17 日，中共党员，毕业于上海师范大学中文系，正高级职称，国务院政府特殊津贴获得者。原上海市格致中学校长，现任上海市格致教育集团理事长，上海市特级校长。曾任第九届国家督学。曾获评第三届上海市教育功臣。

张志敏：唤醒学生内在的认知，这才是教育最大的成功

一、老师可以启迪学生内心的理想火焰

陈志文：由于时代的原因，您这一代人的经历很不一样。我了解到，您 1976 年入读上海师范大学中文系，当时为什么会选择进师范院校，当老师？

张志敏：我是在黑龙江生产建设兵团下乡五年后，回到上海读的大学。那时候思乡心切，只要能回上海，管他读什么专业。可也是机缘巧合，居然那年来招生的是上海师范大学中文系。我打小比较喜欢文科。小时候写的作文常常让老师在家长会上夸奖。特别是"文革"的那段时光，看书成了唯一的消遣。对我影响最大的当属我初中时的语文老师唐鲁峰先生。据说他是一位儿童文学作家，还是注册的作协会员，写得一手好字。因为他是山东人的关系，说话时舌头老打卷儿。

唐老师在教学中特别善于启发学生的想象力。我还记得，当年他教刚上初一的我们写诗歌的情景。那时的我们对诗歌懵懂无知。有一次课上，他给我们讲解放军战士王杰的事迹，讲到他在山腰上打炮眼的细节，我突发奇想，回家就写了个顺口溜，"抬头望高山，低头看海洋，山腰叮叮当当铁锤响，王杰施工在山上"。没想到，唐先生把我的作品在全班点评，

说我的"诗"很有画面感，而且动静结合。唐老师对我说，要多看点古典诗词，因为它有意境、有意象，这些对我来说都是非常新鲜的概念。自那以后，我对诗歌有了更多的接触。后来我当了语文教师，也非常注重培养学生的诗歌鉴赏和创作能力。可见，老师对学生一生的影响是非常之大的，或许他们教给我们的知识可能遗忘了，但是他们培养我们的兴趣和爱好会陪伴终生。

陈志文：如果对您到目前为止的教师生涯做个总结，您觉得自己最大的成就是什么？心得体会是什么？

张志敏：在我的教育生涯里，做教师工作的时间很长，即便当了校长以后，也不曾脱离课堂。

我很喜欢在讲台上的感觉。每次进教室，即使已经备好了课，但我总是很忐忑。因为你根本无法预测四五十个学生在课堂上会迸发出什么奇思怪想。我需要充分设想，而不是机械地完成教学任务。

我认为，教学是一种唤醒。教师更应关注的是教会学生获取知识的方法，特别是唤醒学生内在的认知。教学的目标指向如果只是单纯地让学生掌握知识点，那就比较肤浅了。下课铃声响了之后，不应该是句号，而应该是省略号和问号。老师在课后留给学生的不单单是巩固知识的作业，重要的是唤醒学生的内在认知，让学生能够思考今天课上所获得的知识对完善自我的认知结构有何意义。

当了校长以后，我经常会和老师们切磋这么几个问题。第一个问题，"我们若干年前的'一桶水'尚存几许？"这是就老师的知识存量需要持续补充而言，只有不断学习，老师才能使得自己知识的"水桶"永远是满的。第二个问题，"我们现有一桶水的'水质'如何？"这是就老师知识结构的更新而言。新兴学科、交叉学科、信息技术学科的知识和技术层出不穷。教师必须跨界学习，丰富自己的知识结构，以适应未来社会的教育发展。第三个问题，"学生的'一杯水'非得由老师倒给他吗？"这是就教法的研究而言。每个学生都是独特的"一个"。每人的学习基础不同，认知能力有异，所以教学方法一定要根据学情因材施教。第四个问题尤为重要，"我们教会学生'取水'的本领了吗？"这是就教学的终极目标——学法指导而言。如果我们的学生在老师那里得到的仅仅就是那些知识的话，不能说你的教学是完全成功的。因为别的老师也会教，甚至离开了老师，学生也可以自己习得。可如果你教的学生掌握了学习的方法，那他们在离开了学校之后，还会运用你教会他们的学习方法，持续学习，终身受用。我觉得，这才是教师最大的成功。

我当老师时，可能我教的班学生的考分不是最高，但是我的学生记得我的语文教学与众不同的"怪招"。比如，每堂课前的三分钟即兴演讲、课上的小组辩论、出版学生原创诗歌的专辑、辅导学生获得全市中学生作文比赛大奖等。有一次，我在上海图书馆做了一个公益讲座，讲座结束后，有三位听众来台上与我交流，说是我当年在建平中学教过的学生。他们在网上预约了讲座，专程赶来听讲。其中一位同学拿出了一张当年在课堂上偷拍的黑白照片，是我当年上课写板书时的背影。几十年过去了，他们还对此津津乐道。

陈志文：我相信那一刻，您是很幸福的。实际上，能在学生的成长过程中真正帮到他们，是您最大的收获。

二、我在格致中学做的三件事

陈志文：那么作为一名校长，您对自己是怎么总结的呢？

张志敏：我觉得，当校长有三种"活法"。第一种活法叫"循规蹈矩"，就是文件怎么说你就怎么做，亦步亦趋完成上级布置的任务。第二种活法叫"萧规曹随"，就是前任怎么干，你就怎么干，也没什么风险。第三种活法有一点儿风险，叫"顺势而变"，就是顺应时代的发展而变化。

我是把这三种活法比较好地融合起来了。遵守国家的教育方针政策是前提，继承学校优良的办学传统是基础，从而根据时代发展的要求顺势而变，推动学校的改革发展。

陈志文：您在格致中学做的改革，具体指的是哪些方面？

张志敏：谈不上改革，主要是深化。主要包括三个方面，一是"寻历史之根"；二是"谋发展之道"；三是"创时代之先"。

我担任校长之后做的第一件事情，就是秉持"寻历史之根"的理念，重塑百年名校的学校文化。我以为，在学校改革与发展的进程中，校长的"文化自觉"意识尤为重要。"文化自觉"要求一种理性的文化思考，追求一种高远的文化境界，坚持一种执着的文化追求，表现一种高度责任的行动。

当年，裴娣娜教授在主编一套中国百年名校的丛书，我就请她和她的团队到我们学校来，帮着我们一起梳理学校的传统文化。后来，我又主编了《格致文化的传承与创新》。这两本书用编年体的方式，系统地梳理了学校140多年的办学历史。

正好那时学校要改扩建，要扩大将近一半的占地面积。在建设过程中，我对学校的传统文化进行了标识设计。校门口，将保留了近百年历史的老楼辟为"校史楼"。校门口矗立了镌刻着毛泽东同志亲笔书写的"格致中学"四个大字的巨石。学校根据功能定位，将四幢楼分别命名为"格意楼"、"物趣楼"、"致远楼"和"知行楼"。楼名首字连读为"格物致知"，次字连读为"意趣远行"。校园的中央草坪上新塑了格致书院的主要创始人——中国著名化学家徐寿和英国著名学者傅兰雅两尊青铜塑像。"致远楼"底层大厅新建了由上海博物馆馆长陈燮君先生书写得"格物、致知、诚意、正心、修身、齐家、治国、平天下"的照壁。学校的整体风格折射出这所老校独有的文化积淀和历史底蕴。

我做的第二件事，就是对学校课程进行重构。格致办学之初的课艺是非常丰富的，那是西方自然科学新知与中国传统文化的有机结合。格致课艺的重点是注重学生动手实践能力的培养。我觉得如果能把这种课程思想，和现在的考试科目进行有机整合，应该最能体现格致中学课程"经世致用"和"实学践行"的课程特色。

我们在重构课程的时候比较大胆，我求教了华师大陈玉琨教授。他鼓励我们，说不用怕，因为基础型课程已经保留得非常好，足以应对高考。拓展型和研究型课程又提升了学生的素养，反过来也会促进学生基础型课程的学习。重点是把研究型课程做好。

我重点讲一下研究型课程。办学先驱们当年为学校取名"格致"，就是求其格物致知之意。"格致"作为"格物致知"的简称，其要义是"穷究事理，获得真知"，即强调只有反复思考推究，才能明了"物之本末，事之始终"。如果不去研究、探究事物，就不会懂得里面的真正含义。学生在学习的过程中，不仅仅需要获取知识，还需要获取对知识进行类化的能力，这可以说是一种学术能力，这是学生面向未来必备的关键能力。研究型课程就是要让学生养成一种研究习惯，让研究成为常态。无论今后他们是从事学术研究，还是在其他各行各业发展，这都是很重要的能力。如果在高中阶段，没有培养学生的探究能力，今后他们就只能做一个模仿型的人。所以，学校的课程要创设让学生独立思考的氛围，因为有了自己的思想，才会有独立的人格。

最终，通过全体教师的共同努力，学校形成了被称为"格致新课艺"的课程图谱，可以简称为"四类八群百门"。第一类是公民人格类课程，聚焦培养学生的国家意识、道德修养和健全人格。第二类是科学认知类课程，主要基于基础课程相关学科的学习，着重培养学生的认知习惯和能力。第三类是生涯发展类课程，关注学生的身体健康、心理健康，包括情绪控制能力、职业体验、基础职业规划等社会能力的养成。第四类是创意技艺类课程，主要是鼓励学生创造、创新。

我做的第三件事情，就是建立校本自主的"五能"评价系统。当时驱使我们做这样的评价改变主要是两个直接的原因。一是当年北大、清华、复旦、上海交大等名校有自主招生政策，实行校长推荐制。这对于校长来说，是一个比较棘手的问题。如果简单地以考试成绩作为标准的话，比较简单。但是我认为这是回避矛盾的简单操作，因为这会导致分分计较的后果，显然是有问题的。第二个原因，是学生在申请海外大学时，校方都需要高中所在学校提供学生除学业成绩之外，在高中阶段的成长记录。有一次，曾任美国加利福尼亚州教育部长、哈佛大学校董的本森（音）先生来我校参加一个国际教育论坛。我问他，哈佛大学录取学生以什么为依据？他说除了学业成绩之外，校方还十分看重学生的领导力、社会责任感和创造性能力。这给了我很大的启示。

所以，我就想做一个校本的学生综合素质评价系统，为每个学生做一个全面反映高中阶段成长经历的记录。2010 年开始，我提出以"全员、全面、全程"为特征的发展性评价理念，建立了"全体学生、五个方面、立足三年、跟踪终身"的"格致中学学校全面质量评价与保障体系"。评价指标指向学生的五大能力和素养，分别为"德能、学能、体能、心能、创能"。评价系统由 20 个量表组成，以雷达图的形式呈现。评价过程采用"学生个人输入、教师定期认定、家长辅助参与、学校学期评价"的方法。后来进入新高考改革的时候，学校就比较顺利地适应了综合素质评价的各项要求。

三、学会淡定，校长要摆脱追逐功利的心境

陈志文：您觉得一个优秀的校长需要具备什么样的能力或者素质？

张志敏：第一是责任感，第二是进取心，第三就是心态要淡定一些。当校长也有三种文化境界的追求。

一是行事规则的建立。任职之初，要尽快适应管理，努力做一个合格的校长，通过建立学校的行事规则，确保学校的管理和运作顺畅。

二是集体人格的培育。任职三五年之后，学校要谋求发展，不能简单地靠规章制度。因为规章制度是底线思维，学校发展的真正动力是来自于教师的。学校的核心竞争力是教师的专业素养。校长要培育教师的"集体人格"，也就是学校的大部分教师身上能够表现出一种被学生、家长、同行，乃至与社会共同认可的精神特质和职业追求。教师的集体人格最终也会影响学生的集体人格。

三是学校文化的提升。我认为，学校文化是学校组织中的管理成员及全体师生共同有意识构建的，并在构建文化境界的过程中达到教育理想和教育目的。因此，学校文化是一种氛围、一种"弥漫"。学校文化是有根脉的，是长期的积淀，是天时、地利、人和交集的结晶。

我提出的"格致文化"是格致中学彰显办学个性的旗帜。"格致文化"有着区别于其他学校文化的根本标志，包括它的历史内涵、文化特质等。学校文化既是无形的又是有形的，是可以感知。我们所说的"格致文化"绝不是简单的学校办学历史，也不是几位创始人和一批杰出校友，而是能够体现办学传统和办学特色的学校精神。它是一种呈现办学理想的、融理想与实践的文化现象。格致的人本德育、学生成长、教学模式、课程生成、学术研究、教师发展、校园环境、组织管理等，无一不与格致文化交融在一起。

陈志文：在现在的教育环境下，您觉得我们的校长普遍欠缺什么呢？

张志敏：现在，新老校长正在代际交替，老校长相继退出了一线，新校长上任了。在我看来，新任校长有两点要不断修炼：

一是淡定积累，厚积薄发。我觉得，校长们要摆脱追逐功利的心境，能够沉淀下来。现在一些校长上任之后，容易有急于求成的心态，追求新项目、高升学率、扩大办学规模、提升知名度，这些工作当然要做，但是要在练好内功以后。

二是长远思考，整体把控。新任校长容易陷入瞻前不顾后的困局，缺乏对学校发展整体性、协同性、系统性的思考，热衷于搞新改革，上新项目。当下，时代的急速变迁，确实带来了教育形态、教育内容、教育方式的大变局。因此，校长就会比较多的关注"变"，然而"变"要扎根在"不变"的教育规律和学校传统的基础之上。比如，要做一个新项目，就一定要与学校原本的传统建立勾连的通道，要有精神联系。站在巨人的肩膀上，才能看得远，这"巨人"就是学校的办学传统。

四、中西结合，我看到了格致中学的博大精深

陈志文：在您眼里，格致中学是一所怎样的学校？它的特质或者是特点是什么？

张志敏：我在格致中学先担任了 7 年书记，然后担任校长，从书记到校长，我看到了这所学校博大精深的一面。

格致中学的前身是书院，但不是传统的书院，它是洋务运动背景下催生的一所新式学校。用上海地方史专家熊育之先生的评价，格致书院是上海近代第一所中外合作开办的学校，是一所亦中亦西、亦官亦民的新式学校。当年，李鸿章从西方引进了专门人才，传授科学新知，又融入了中国的传统文化课程。当时，学校教员的构成也非常多元，既延聘了大批外国教员，也引进了很多海归教员。这就造就了这所学校与众不同的办学特质。发展到今天，格致中学始终是一所能够包容多元文化，又能坚持办学主张的学校。

陈志文：就是当时的中外合作办学。

张志敏：对，如何传承这样一种办学传统，办出一所有自己特色的学校，格致中学历史上的这种中西结合的办学特点给了我很多启发。

从学校 145 年的办学历史来看，格致中学一直是一所标志性的现代学校，其课程设置、教学方式、考核制度都是独树一帜的。

五、激活创造思维，培育学生面向未来的"炼金术"

陈志文：您曾在格致中学提出了"在传承中创新、在创新中发展"的办学理念。这些年来，您一直在倡导创新教育，为什么？

张志敏：创新是推进人类文明和社会进步的不竭动力。人类拥有了创新精神，就仿佛握有普罗米修斯手中的生命之火，它会点燃人类的智慧之光。

当前，整个社会的劳动形态发生了很大变化，越来越多的机器人进入到劳动领域，取代了人工。创造劳动将是未来人类社会发展的一种重要劳动形态，创新素养将是人类应对未来最核心的素养。如果教育还用传统的方式讲过去的知识，那么培养出来的学生如何面对无穷变化的未来？

所以说，教育创新是社会创新的必然要求，创新能力的培育是一种面向未来的"炼金术"，是高中育人方式变革的核心问题。有责任的学校教育除了培养学生应该具有体现社会核心价值观的人格素养和基于学科知识的通识素养之外，还应该关注学生创新素养的培养。

陈志文：那么，什么是创新？您认为创新教育是怎样的教育？

张志敏：创新就是要站在一个更高的层面上审视历史与现实，进行理性分析和解剖，以期发现问题、解决问题，进而创造新的事物，来推动社会发展。创新的充分必要条件是创造者必须具备思想、人格和精神的独立性。

创新不仅是少数学术精英和科技达人的专利，而应成为每一个未来公民的生活和工作的常态。创新教育就是要激活学生的创造思维。现在，学校对学生学习能力的检测主要是传统的纸笔考试，考卷的评判都依照标准答案。标准答案真的标准吗？中国有句古诗叫"横看成岭侧成峰"。也就是说，看问题的角度不一样，得出的结论就不一样，见仁见智。

在一次公益讲座上，我提了个问题，珠穆朗玛峰是地球上最高的山峰，那么第二高的山峰是哪座？有个小学生举手质疑，珠穆朗玛峰不是最高山峰，他认为最高的山峰应该是负1万多米的马里亚纳海沟。我问他为什么这么说。他说，如果我们换一个视角，不是朝上看，而是朝下看，那最高的还是珠峰吗？我无语，但我肯定了他。这就是儿童的创新思维。生活中的创新不就是换个视角，换个方法吗？所以，现代的学校教育必须关注学生创新精神和动手能力的培养。

陈志文：那么如何进行创新教育，如何培养学生的创新能力呢？

张志敏：我觉得，创新力的培养关键是激活学生的思维。著名教育家陶行知先生曾提出"六大解放"：解放儿童的嘴巴，这是表达力培养；解放儿童的空间，这是学习力培养；解放儿童的时间，这是探究力培养；解放儿童的眼睛，这是观察力培养；解放儿童的头脑，这是思维力培养；解放儿童的双手，这是实践力培养。创新能力就是这些能力的综合。

我认为，创新力的培养可以分为三个层次。一是培养创新人格，即动力系统，包括好奇心、挑战性、自主性、坚韧性等；二是培养创新思维，即智能系统，包括敏锐性、变通性、发散性、独创性等；三是培养创新技能，即工作系统，包括通识和系统的学科知识、实境应用的动手能力、复杂信息的整合能力等。

陈志文：您认为创新人才还应该具备哪些素质呢？

张志敏：创新人才必须要有健全的人格。健全的人格表现为具有自信、独立、自尊、创新、进取、宽容、豁达等特征。人格健全的人具有实事求是的科学精神，他们在情绪控制、自我感知、自我激励和认知他人、认知社会等方面表现出良好的心理品质。中学生处在身心发展的关键期，健全人格的培养显得尤为重要。

创新人才还应该具有崇高的社会责任感。它是创新人才的价值追求，任何的创新活动都应该体现社会共同的价值观。这种责任感既有对国家、对社会的，也有对他人、对群体的。总之，一个具有创新精神的人，除了具有丰富的学识和超常的思维品质以外，健全的人格和崇高的社会责任感是不可或缺的。

六、新中国创造的教育奇迹，就如珠穆朗玛峰那么高

陈志文：接下来，想请教您几个当下比较敏感的教育热点问题。最近几年，长三角地区出现了所谓的国退民进问题，最好的初中都是私立的，您怎么看这个问题？

张志敏：我觉得这个现象是阶段性的，是特定时期社会对教育资源饥渴状态下的一种产物。再过 5 到 10 年，这个现象就会改变。现在有些民办学校所谓的质量高，主要是以考试成绩来衡量的。如果随着公办学校的深化改革、中考改革制度的推进和严格执行公民同招的政策，民办学校吸收优秀生源的途径将会受到很大的限制。这也倒逼有些民办学校改变育人模式。我们乐见公办和民办协同发展的良好局面。

陈志文：您怎么看待减负？

张志敏：减负的关键是改变评价体系，评价不改变，负担不会减轻。高考改革一定会向下延伸到中考改革，否则基础教育阶段学业负担重的问题根本解决不了。

陈志文：在您看来，新中国成立 70 多年来，我们的教育取得了哪些核心成就？

张志敏：第一个就是国民教育体系的建立。近 14 亿人口的大国，全面实现九年义务教育，同时高中教育、高等教育也进入普及化阶段，这个是世界奇迹。用一个比喻来说，新中国以来的教育创造了奇迹，其历史伟业就像珠穆朗玛峰那么高。

第二个就是形成了扎根中国大地，具有中国特色的教育制度设计。虽然发展的进程起起落落，但总体来说，中国的教育制度体现了国家意志，培养了基本适应中国发展需要的大批人才。这种人才培养机制支持了国家

整体发展，是比较成功的。

陈志文：那么，您对中国教育的未来发展有哪些建议呢？

张志敏：我觉得中国的教育环境应该要开放，要改变现在相对封闭的教育环境，人类文明的结晶应该共享。

另外，就是要提高教师队伍的政治待遇、经济待遇，吸纳更多综合性的优秀人才进入教育系统，而不仅仅是在师范院校培养。我去年参加了几所师范院校的专业认证工作，中国师范院校的专业设置、培养目标和培养模式相对还是比较传统，不能完全适应快速发展的教育改革需要。未来的教师应该是知识跨界，能力综合的人才。

陈志文：您觉得这场疫情给中国教育带来了什么？在线教育会不会推进中国教育革命性的改革？

张志敏：我作为督学走访了一些学校，了解了他们在线教学的情况。整体看来，线上教学有效果，但教师心里还不踏实，希望尽快回归线下教学。线上教学苦了家长，希望早日解脱。学生渴望回到校园，早日见到同学和老师。这些都是线上教学产生的教育焦虑和社会情绪。同时，这也直接地告诉我们，即便智能化时代到来，教师的角色依然是很难取代的。

陈志文：是的，老师的角色很难取代。教育不只是一个简单传授知识的过程，也是育人的过程，是教会学生成长的过程，知识学习可以程序化，但是人的成长是压缩不了的。

张志敏：对。教学是一种认知的碰撞，具有即时性和生成性，这是人工智能无法完全应对的。教与学是交互的过程，有时是眼神的交流，有时是肢体的接触，有时是会意的浅笑，有时是气味的渲染。教学是气场的营造，是师生的气息互动。课堂真的很神奇，有时怨它，没它却想它。

同时我也很期待线上线下融合的教学，让学生在离开教室，离开学校，离开同伴，离开老师之后，还有一种牵挂，一种关注，通过无形的网络在延续。

≫ 吴国平

　　吴国平，正高级教师，2000年8月开始担任镇海中学校长。工作40多年来，吴国平的职业生涯始终没有离开过教育。在镇海中学工作期间，学校的整体实力领跑浙江省基础教育界，被誉为"办人民满意学校、做一流优质教育"的典范。

吴国平：教育公平的核心意义是因材施教

一、沧桑巨变，个人命运与国家命运紧密相连

陈志文：新中国成立 70 年来，基础教育经历了几次大规模的调整与改革。您怎么看待这 70 年来基础教育的发展？

吴国平：这 70 年，中国基础教育取得的成绩是巨大的。第一，教育的发展使我国的文盲比率大幅下降。第二，在地区经济发展不均衡的情况下让所有人都有书读，特别是在一些地区已经做到了有好书读。第三，我们国家已经建立了比较健全的教育体系，包括学前教育、义务教育、高中阶段教育、职业教育、高等教育等。我们也逐步摸索构建了一套具有中国特色的就业体系和教育管理的体制机制，虽然还存在一些问题，但总的来说，与一些资本主义国家及发展中国家相比，优势还是非常明显的。

陈志文：您是 1977 年恢复高考后的第一届考生，还记得当时的情形吗？

吴国平：1974 年夏天，我初中毕业。尽管学习成绩不错，但在那个靠推荐读高中的年代，我因家庭成分是"上中农"没有获得推荐资格，回到农村老家务农。

1977 年恢复高考时，我并不清楚要考什么内容，也不知道能考什么学校，就去报名了。因为是初中毕业，我报考的是中专。讲实话，由于时

代原因，初中时我们一年级读了一些书，二年级就没怎么读书了。但那时就想，高考是跳出农门的唯一机会了，就报了名，请了假，并把封存的书又拿出来自学。第一年恢复高考时，考生需要考两次，一次预考，一次正式考试，我两次考试都顺利通过了，考上了宁波师范慈溪分校（后改为慈溪师范）。我记得，当时我们公社顺利通过考试的也没超过 10 个人。

我们那一届慈溪分校总共招了 3 个班，中文、数化、数物，我读的是数化专业，同时学数学和化学教育。当时学校的培养目标很明确，就是为了补充初中师资，而那时有些初中的规模比较小，要求老师能教多门课程。我读师范时感觉压力比较大，班里 45 个同学只有我是初中毕业生，其他人都是高中毕业生。但在老师们的精心培育下，加上我自己的努力，毕业时的成绩还是挺好的。

陈志文：您的父母支持您读书吗？

吴国平：我的父母没什么文化，可以说是大字不识，但他们知道读书的重要性。我读小学的时候，社会上还盛行读书无用论，家里的农活也很忙，我们放学后经常要去割猪草帮农活。但是，只要一有空，父母就督促我们做作业、看书。他们那时候经常教育我们，在学校要听老师的话。可能我现在对于老师这一职业的由衷尊敬，也是来自于小时候父母的教育，他们认为老师这一职业是非常神圣的。

陈志文：回顾这过去的 40 年，您有怎样的感慨？

吴国平：有一句话现在的学生可能很难体会，"个人命运与国家民族的命运是联系在一起的"，这是我们小时候所受到的教育。这句话非常正确，绝不是一句空话，我对此深有感触。

从我懂事到上中师之前，中国整个社会基本上就没什么变化，吃的、穿的都没怎么变，困难也没怎么变。但自从 1977 年恢复高考后，尤其是改革开放以后，社会面貌发生了很大变化。我们的个人命运、日常生活，也都随之发生了根本性的变化。

这些话我现在也经常跟学生们讲。现在的孩子们生活在这么好的一个时代，总觉得很多事情都是与生俱来的，都是理所当然的。

二、踏实办学，浮躁的环境培养不出优秀学生

陈志文：在您看来镇海中学的特质或者说基因是什么？

吴国平：我认为镇海中学最明显的特质是，无论教师还是学生都比较踏实、实在，其来源就是我校的红色基因和传统文化。

我们现在的教育，无论是基础教育还是高等教育，包括整个社会，最大的问题是"浮躁"，只说不做，多说少做。从教育的角度看，这样是一定培养不出优秀学生的。

陈志文：对于您说的红色基因，我的理解是责任。

吴国平：对，而且是大责任，是家国情怀。正因为此，我们在新生进校的第一天，就让他们去熟悉校园的人文历史底蕴、民族英雄和革命前辈的英勇事迹，并将不断弘扬优秀的传统文化渗透在3年的日常教育教学中。

陈志文：2000年8月，您开始担任镇海中学的校长，当时是一个怎样的契机？组织上选择您来做镇海中学校长的主要原因是什么？

吴国平：我在镇海区职业技术学校做校长时，就曾有机会应聘镇海中学副校长，但我没参加，总觉得我与镇海中学的距离太远。2000年的时候，镇海中学的校长出现了空缺，我当时在镇海教育局担任业务副局长，组织上决定由我来做镇海中学校长。说实话，那时对我来说压力比较大。因为镇海中学不仅历史悠久，而且当时办学水平也很高，在宁波乃至浙江的影响力也很大，是浙江省首批14所重点中学之一。我觉得自己的经历和能力匹配不上。但我还是服从组织安排，来了以后就想尽心尽力把镇海中学办好，对学生负责、对学校负责、对组织负责，也对自己负责，走好自己认定的教育路。

组织上选我做镇海中学校长的原因我估计有以下几点吧。首先是在担任镇海教育局副局长之前，我在一所农村职高担任过校长，做的比较成功。在两三年的时间里，使一所原本社会声誉、办学水平不太好的学校，得到了老百姓的认同。大家认为，如果要学一技之长，可以到这所学校去，家长也比较放心把孩子交给学校。其次是我这人最大的特点就是实战实干，从不喜欢夸夸其谈，在镇海区教委任职期间，一样尽职尽责、兢兢业业，在校长和老师中的口碑比较好。第三是我看待问题或思考问题时，能够从细微之处看到问题的趋势和本质。教育说到底是一项关注细节、把细节转化为教育契机的艺术，没有足够的投入和陪伴，真正的教育不可能发生。

陈志文：其实最主要的原因就是您对工作兢兢业业，组织上希望安排一个业务能力与行政能力都很优秀，德才兼备的人来担任镇海中学的校长。

陈志文：担任校长的近20年，您为镇海中学带来了哪些改变？

吴国平：我为镇海中学带来的最大变化，应该是在原有基础上让学校更加现代、开放，让更多的学生从高起点走向更加宽广的人生平台。

镇海中学过去的办学成绩非常好，也有很多学校来参观学习，但是自己走出去的不多。现在我们请进来也走出去，哪怕是在教育帮扶的过程中，我们也抱着学习者的态度，去看看欠发达地区的学校有哪些我们可以学习借鉴的地方，共促共进。

陈志文：做好学校间的相互借鉴和学习。

吴国平：对。多年前，我们与新疆的库车二中结对，他们的办学条件、办学理念、办学行为，都与我们的沿海发达地区有不小的差异。但在考察他们学校时我发现他们的课间操做得不是广播操，而是在跳当时很流行的"骑马舞"。问起原因，回答是广播操效果不好。这给了我灵感，回来后在广播操之后加了音乐统一但动作各班各有特色的自由操，既发挥了学生的积极性、主动性、创造性，还增强了锻炼效果，受到了学生们的欢迎。

我到镇海中学工作一年左右时，曾组织班子成员到我们浙江省嘉兴市的桐乡高级中学考察学习，因为当时他们连续两年都培养出了高考状元。虽说出状元是有运气的成分，但连续两年一定是有原因的。在考察中，他们的校领导告诉我们，他们学校对于学习好的学生主要是"松绑"引导，尽可能让学生自己去学习、去思考，我觉得很有道理。后来，我们在镇海中学也开展了一系列的研究性学习，包括科技活动、发明创造活动等。

陈志文：未来，您想继续完善镇海中学哪一点不足？想把镇海中学办成一所什么样的学校？

吴国平：受地理位置所限，未来我考虑的是如何进一步促进镇海中学教师的发展，注重培养创新型教师，让教师更全面更具创新性更具做好教育实力的发展，当然，包括教师自身专业的发展、教师综合素质的提高，更包括教师对教育的理解以及承担教育责任认识的深化。学校未来办学会更加开放，尤其是对于顶尖学生的培养，会在机制上有更进一步的完善。

另外，我现在对于培养学生自主研习能力的愿望非常强烈。镇海中学整体的授课时间不多，学生有大量的时间自主学习。我认为，让学生学会自主研习、动手实践，才是一所学校的成功，也才是学生成长成才的后劲。但这也需要家长的配合，如果家长把学校给孩子的"留白"都填实塞满了，再高明的设计师也难以下笔了。

三、潜心育人，我更喜欢做一名中学校长

陈志文：您担任镇海中学校长已近 20 年了，您怎么评价自己？一名中学校长的价值是什么？

吴国平：我曾经说过，与教育局副局长的岗位相比，我更喜欢中学校长这个岗位，这个岗位更能把我的教育理想付诸实践，能为教师和学生

带来幸福，为国家培养更多优秀的人才，对我个人来说，也是一种价值体现。

在我看来，校长的最大价值体现在如何为老师"静下心来教书，潜下心来育人"创造一个好的环境上。我常说，校长的价值应该体现在教师的发展中。我们的老师全心全意为学生，学校就要全心全意地解决他们的后顾之忧，镇海中学老师的工资收入基本上能做到和镇海当地公务员平均水平相当。镇海中学管理的民办小学、民办初中，这些优质的教育资源不仅面向教工子女敞开，还对教工子女实行学费适当减免，当地群众也很认可和尊重镇海中学的老师，也没有反对的声音。再如，我们有老师生了重病，学校就会调动所有的资源和人脉来帮他。你对某位有需要的老师尽心尽力，其他老师会看在眼里，记在心里，并表现在行动里。

当然，作为校长一定要正确处理好办学中的若干关系，如继承与创新、外部与内在、人与物、决策与执行、规范与个性、教育理想与教育现实、政治与教育等。

陈志文：那么，您认为做一名中学校长所具备的最重要的素质是什么？

吴国平：这个问题不同的人可能会有不同的理解。我认为办教育的人，特别是校长，首先要有一定的教育情怀，要理解教育是干什么的，教育是为了什么。其次是要从学生的成长发展规律的角度，去考虑学生以及学校的发展，无论是眼前的事情还是长远的规划。

陈志文：以教育为本、以教育为纲、以学生为中心。

吴国平：是的。在这两点基础之上，更为重要的是要脚踏实地地去做。以镇海中学为例，这些年学校能持续发展并且取得了很好的成绩，原因在于学校拥有与时俱进的办学理念，并且始终在脚踏实地的落实。办学理念对学校来说具有方向性和引领性的作用，在我担任校长的10余年期间，我们根据不同时期的办学目标提出了不同的办学理念。

进入21世纪以来，为了适应基础教育特别是高中教育的快速而深刻的变革，学校在继承优良传统和学习先进经验、理论的基础上，扬长避短，不断开拓名校发展新途径、新内涵、新优势，对办学理念作了四次发展性的阐释。2001 年，提出了"立足现代教育，弘扬传统文化，熔铸人文精神，培养世界公民"。2004 年，提出致力于实现"促进学生发展为本，适应社会发展需要，满足家长期望"三者的有机统一。2007 年，高中新课程改革实施后，学校更加注重"尊重多元选择，促进高水平基础上的差异发展"。2012 年，学校跨入新百年后进一步提出"梓材荫泽，追求卓越"。四次革新，四次蜕变，始终围绕着学校本身的发展，学生的发展，体现了高度的教育自觉，引领学校始终处于高位运行的良好发展状态，学校优良的办学传统得以一脉相承，与时俱进，从未断裂。

值得一提的是，镇海中学的办学理念是落实在行动上的。比如，为了弘扬传统文化，熔铸人文精神，从 2003 年开始，学校理科创新实验班的班主任一定是文科老师，目的是让理科学生更有人文精神。我们经常讲，如果没有很好的人文素养和人文情怀，对理科学生以后的发展会有很大的影响，人文素养和人文情怀能帮助孩子走得更高、更远。

如今，教育对象不再是整齐划一的群体，分数和大学也不再是人们接受教育的唯一目标或主要目的。在这样的背景下，教育成全人需要注入更为丰富、科学、深刻的内涵。这是教育的使命和责任，更是教育拓展自身功能、展现无限魅力的契机。

四、全面发展，"素质教育"和"应试能力"并不矛盾

陈志文：想跟您探讨一下"素质教育"的问题。从您的角度来讲，您认为什么是"素质教育"，什么是"应试教育"？

吴国平：所谓"应试教育"就是一切围着考试转。根据我的观察和理解，现在的沿海开放城市，没有真正意义上的"应试教育"，最多是应试

倾向比较严重。我认为，着眼于提高学生综合素质基础上，培养和提升其应试能力，是素质教育的应有之义。

陈志文：两者并不矛盾，没有必要对立起来。

吴国平：对，有些人往往割裂开来看这个问题，没有意义。

陈志文：在我看来，"素质教育"是一种理念，在做任何事情的过程中，都可以落实这一理念。

吴国平：是的，关键要看出发点是什么，如果仅仅是为了提高高考成绩，那就是"应试教育"了。

陈志文：所以不宜标签化。有些说法认为，不关注升学结果的教育就是"素质教育"，这是完全错误的。

吴国平：是的，现在的义务教育虽然不提倡考试，但社会上还有很多考试，比如，注册会计师等职业资格证书考试等。在这种情况下，不提升孩子的应试能力，也是不负责任的。

陈志文：我赞同，我觉得现在有一种极端的观点，把"应试教育"打上了不好的标签。但是，从评价的角度来讲，没有考试是很难想象的。

吴国平：其实，这里有个概念我们不能混淆，培养学生的应试能力与搞"应试教育"是两个事情。"素质教育"我们讲了这么多年，我觉得关键在于我们不能仅看问题的表面。考试，也分为应试性地和非应试性的，主要看考试的内容是什么。如果考试的内容能够反映学生的综合素养和能力水平，就不是应试性的，反过来说，如果只是考机械地记忆性的知识，那么这个考试就没有什么意义了。

陈志文：有些人也在不断讨论镇海中学是"素质教育"还是"应试教育"，您对此有怎样的答复？

吴国平：面对镇海中学辉煌的高考成绩，围绕"镇海中学究竟是应试教育，还是素质教育"的话题一直在社会上争论不休。质疑之声也一度让我深感困惑，但我一直坚持着自己的理念。

我觉得，作为一所百年名校，如果高考升学率不行，家长凭什么放心地把孩子送来？如果孩子只是升了学，自身素养素质不高，在我看来同样是不应该也是不成功的。如果只是因为镇中的高考成绩好，就被戴上"应试教育"的帽子，那绝对是有失偏颇的。"办人民满意的教育"，高考成绩好与实施素质教育并不矛盾。"素质教育"，无论对学生还是老师，核心就是调动他们的主观能动性、积极性。比如，学业成绩优秀的学生，并不一定就是书呆子，他们往往更有时间和精力参加体艺活动和各种综合性的活动，从而让自己综合素质和个性特长得以提升。

我经常向学校领导班子以及老师们强调，有效教学必须建立在有效德育与有效体育之上，否则，质量就会大打折扣。如在德育方面，从2006年起，我就在镇海中学倡导学生树立"服务他人，服务社会，成就自己"的理念，成立"快乐义工"组织，学生在高中的3年里，必须要做一定时间的义工，并把义工时间列入学生评优秀、评先进的条件。体育方面，我们坚持普及与提高相结合的原则，除了落实"每天锻炼一小时"外，还开展了丰富多样的体育类社团活动和各种体育竞赛活动。

了解镇海中学的人都知道，镇海中学的学生经常在全国性的各类比赛中获奖。这些比赛不仅有学科类的竞赛，还有全国青少年科技创新大赛、全国中学生信息技术创新与实践比赛、全国中学生领导力大赛、全国中学生模拟政协活动等。这些活动和比赛成绩很好地说明镇海中学的学生是全面发展的。全国顶尖大学对镇中学生的青睐以及镇中学生在这些学校的发展情况更说明了这个问题，如今年北京大学本科毕业生中的我校校友，有25%被评为北大优秀毕业生、16.7%被评为北京市优秀毕业生。

五、尊重规律，因材施教是教育最原始的意义

陈志文：您是如何看待减负的？又是如何看待学生参加校外培训班的？

吴国平：我觉得无论是学校还是教育行政部门，对于减负应该有所为、有所不为。

陈志文：应该强调区别化减负。

吴国平：是的。"有所为"指的是，学校应该踏踏实实做好校内的教育教学工作，让学生没必要去参加校外辅导班。"有所不为"指的是，有些一刀切的减负政策不要做。现在，我们一方面在讲减负，另一方面许多学生一离开学校就赶赴到培训机构或者家教老师处了，这种现象很不正常。

就镇海中学来说，学校严格遵守减负政策。但对于那些学有余力、愿意来学校学习的孩子，学校在双休日或者一些节假日会为孩子们开放体艺馆、运动场、图书馆、实验室等，但是不上课。比如，在假期，我们学校的自主学习室、书吧都是开放的。在假期的后半段，学校的许多教育教学资源都会开放，允许那些在家里学习有困难的学生，向学校申请，经班主任同意后可以来学校自主学习和活动，但学校不上课。所以，镇海中学学生在外面补课的很少。

众所周知，教学活动至少包含五大基本环节——备课、上课、作业布置批改、课后辅导、考核评估。如果学校教师在课后辅导方面都做到位了，社会上就不可能有这么多培训机构和家教。现在社会上有这么多培训机构与有些老师没有做好这个环节也有一定的关系。

我在学校管理中提倡弹性管理，做到既要有规可循又可以让被管理者根据实际情况自我调节。从教育教学的规律出发，让教师抓住不同的教育契机对孩子做出恰到好处的引导和教育。从教育公平的角度看，教育最原始的意义就是要做到因材施教，让不同的人接受不同的教育。

陈志文：因材施教是最大的教育公平。我们保底的教育思路没有问题，但是不能封顶。

吴国平：是的，从某种意义上来说，一刀切的教育是违背教育规律的，也是不公平的。

陈志文：其实，中美贸易摩擦的背后是人才的较量，尤其是拔尖人才。您对目前我国的拔尖创新人才培养怎么看？

吴国平：讲实话，镇海中学是幸运的，我们可以在一定程度上根据自己对教育的理解和国家民族对人才的需求来培养学生。现在各种各样的兴趣小组越来越多了，我觉得营造好学校的小环境很重要。

我作为校长，从微观的角度来讲，我要对学生、学校负责，从宏观的角度来讲，我要对国家、民族负责。我在镇海中学特别强调家国情怀。现在人们总是说，兴趣是最好的老师，但我认为，学习的最大动力是家国情怀，这是一种价值追求，也是一种责任担当。一个人有了责任，有了担当，才能够心无旁骛，孜孜不倦地去付出。

陈志文：我非常赞同，责任与担当比兴趣更靠谱。

吴国平：我理解的学生的核心素养就是人的基本素养，其核心就是责任与担当。

陈志文：浙江是这一轮高考改革的前沿，这两年出现了选考物理科目人数下降的现象，您对此怎么看？

吴国平：新高考改革的初衷是为了让学生选择自己感兴趣的科目，实现个性化发展，这是非常正确的。但最后出现这样的情况，是多种因素导致的：一是制度设计还存在不足；二是家长、学生的功利倾向较严重，也包括一些老师和学校；三是高校对专业选考科目没有明确要求或要求不够明确。

六、统一理念，学校与家长的力量要结合在一起

陈志文：家庭教育是孩子成长非常关键的一部分，家庭教育与学校教育应该如何进行配合？

吴国平：一所学校要取得良好的办学业绩，一名学生要想优秀，都离

不开家长的支持。家庭教育是孩子成长的关键因素。

一般来说，每所学校都会成立家长委员会，而镇海中学成立的是家长教师委员会。目的就是让老师在家长中发挥引导作用，让家长的力量和学校的力量结合在一起。镇海中学新生报到的第一天，我们会组织新生和家长一起开会，给家长提出一些建议，统一教育理念。我们会告诉家长，镇海中学要把孩子培养成什么样的人，家长应该怎么做。

陈志文：我个人认为，现在很多教育问题其实是社会问题在教育上的反应，而家长是最重要的推手。

吴国平：教育是一项专业性很强的工作，专业的事情还是要由专业人士来做。教师是具备教育学、心理学等专业知识的，而等家长们真正明白教育真谛的时候，孩子已经长大了。有些家长自认为懂教育，但恰恰是不懂的。所以，我的建议是，家长如果有意见和建议，可以跟学校提，可以跟老师交流，但是不要对学校、老师的教育指手画脚，尤其是在孩子面前更不能如此。我觉得，这对于当前的教育来讲，非常重要。

现在的家长往往对孩子过度关注，甚至干涉学校的具体工作。比如，有些家长指名道姓一定要某位老师教自己的孩子，他们总希望自己孩子的老师是最优秀的。但是，我作为校长，要对所有的孩子负责，任何的教育教学安排都要从大局出发，必须要合理分配老师。

一般情况下，学校会接受家长的正确意见，但绝对不会接受家长只考虑自己孩子而不顾及其他孩子的自私要求。家长既然把孩子送到学校，就应该相信学校，不要去干涉学校的正常教学秩序与管理。当然学校也要本着公平公正，为全体学生的健康成长和最优发展考虑。家校需要互相理解。现在有的家校关系搞得跟医患关系很相似，这对学校教育非常不利。

我非常反对有些媒体报道中"校方"的提法。我觉得，不应该有"校方"的概念。学校本身就是由老师和学生组成的，离开任何一方都不是学校了。我一向要求自己和老师们，把学校当做自己家一样来"经营"，把学生当成自己的孩子来培养。如果硬生生地把他们分开，绝对不利于学校的治理。我希望家长们不要用社会上不健康的思想和意识来评价学校。

陈志文：做一个理智的家长。

吴国平：有的家长往往是站在自己孩子的角度考虑问题，而没有为其他同学考虑，比较自私、比较自以为是，甚至为了自己孩子的利益干预学校的日常教学管理。

我很赞同一个理念，在办学过程中，一定要把教师放在第一位，而不是把学生放在第一位。当然，在教育目标上，要把学生放在第一位。在办学过程中把教师放在第一位的目的，也是为了学生有更好的发展。

陈志文：从您的角度来讲，您比较喜欢什么样的学生？

吴国平：我喜欢所有的学生，我的底线是学生必须遵守学校的规定。但就算是学生出了问题，老师和校长也是有责任的。

陈志文：现在大部分孩子都吃不了苦，原因主要是家长的过度关注和溺爱，您觉得溺爱孩子的行为有哪些？您建议父母应该怎么做？

吴国平：溺爱孩子的行为有许多，这主要包括：特殊待遇、当面袒护、过分关注、轻易满足、没有约束、包办代替、害怕冲突等。

我建议，父母要统一教育理念，即便夫妻双方有理念冲突，也要私下沟通，不能在孩子面前争论。到了初高中，更不能轻易满足孩子的无理要求。比如，我建议镇中学生家长，每周给孩子的生活费最好不要超过150元，生活费过多反而对孩子有害。

心灵鸡汤常说，要心平气和地与孩子沟通交流，但未必事事都应如此，不同的情境应有不同的方法，对孩子的无理要求和不良行为，家长要敢于坚持原则，不怕冲突，如果一直退让，一直讲好话，会带来一系列成长问题。

>> 尚可

　　尚可，杭州二中校长，数学特级教师，正高级教师。第十届国家督学，浙江省十四届党代会代表，浙江省十二届人大代表。浙江省特级教师协会会长，浙江省教育学会教育管理分会和中小学数学教育分会及德育分会副会长，浙江省普高课改专业指导委员会委员，浙江省中学数学教材审定委员会委员，钱江晚报智库专家，浙江师范大学兼职教授。中国教育发展战略学会高中教育专委会副理事长，中国教育学会高中专委会常务理事、中学数学专委会理事。杭州市杰出人才，浙江省功勋教师，全国教育系统先进工作者，享受国务院特殊津贴专家。

尚可：游走在理想和现实之间

一、高考是一次需要我们张开双臂拥抱的机遇

陈志文：您 1978 年高中毕业，之后参加高考并考入浙江师范大学数学系，作为恢复高考的受益者，您认为高考给您带来了什么？一路走来，您觉得数学给您带来的最大收获是什么？

尚　可：1978 年初，我曾以高二学生的身份参加了那年浙江省的高考预考，并顺利入围恢复高考后当年春季的首届高考。虽没被录取，但也是一次难忘的人生体验。

高二应届毕业，我又赶上了 1978 年夏季高考，在淳安县汾口中学参加了语文、数学、政治、物理、化学的理科考试，并被浙江师范学院数学系录取，我极其幸运地以 17 岁虚龄跨入大学。

在我看来，高考是一次需要我们张开双臂拥抱的机遇。正因如此，拥有高考机遇的我们是何其幸运，我们又该何其珍惜高考的机会。高考是一个人生命的拐点，一定意义上也是国家和民族命运的拐点。

我大学专业是数学，数学是一门科学，它为我们认识世界、探究世界提供了一种方法论。而人文学科解决得更多的是人的灵魂和精神层面的问题，使我们认识活着的意义是什么。两者缺一不可，合在一起才构成了一个完整的"人"。

数学对我最大的影响首先在于思维习惯，尤其是条理性、逻辑性。它让我无论在教学、管理，甚至思考问题时，都提醒自己要有条理、有逻辑。数学背景的校长其学校管理常常有严谨细致的风格，对规则制度的建设常常是连续而不离散的。其次就是思辨能力及独立思考的能力，它让我无论是做事还是看问题，都有自己的方向和视角。再次是数学的言之有据常常促使自己行必有理，会促进求实求真工作作风的形成，也就有了做事的务实性，这也是数学学科对我影响比较大的一点。

除了上面讲到的这些，我认为数学学科对我分析和解决问题的方法也有很大影响。

其中，分析问题时我会经常使用分类分层的方法。比如，学校开家长会，我会指导老师根据学生情况进行简单的分类分层，将成绩一直优秀保持高水平发展的、成绩不断起伏不定的、近段时间成绩进步快的、成绩一直下滑的、成绩一直在低水平徘徊的等几类情况进行"区别对待"，分析其现象和成因，进行有针对性地诊断、分析和处理方式的指导，以及家庭教育建议，这样可以做到精准、有效，让每一位家长都有所收获。

陈志文：恢复高考的这40多年，您怎样看待高考的改革与发展？

尚　可：大学毕业后，我大多数时间都在从事高中教育的教学和管理工作，可以说，我亲历或是见证了高考制度和方案演变的40余年历程。从1977年恢复高考到1983年增加定向招生定向分配；从1985年开始的保送生招生试点到1990年的全国统一高考并正式实行标准化；从1994年的统一录取缴费上学到1996年国家不包分配；从1999年高校进入大扩招时代及广东"3＋X"高考率先亮相到2001年高考取消年龄和婚姻限制；从2003年高考由7月7日提前至6月7日开始到2004年分省命题"家乡卷"的出现；从2007年教育部直属师范大学免费师范生招生到2012年异地高考的出现；从2014年高考制度改革全面启动到上海、浙江新高考的率先试点，尤其是浙江省从2006年三批次高考及招生方案到2012年深化课改方案的实施，再到2014年革命性的新高考方案的实施……各种思潮的演化碰撞，各种"理想""新锐"的质量观，各种存在于政策文件中的"应然"的质量观，存在于现实实践的"实然"的质量观，以及人们普遍感受到的质量观的对话冲突，乃至多方利益诉求的中和调适，尤其是在"不拘一格选人才"和对公正公平的维护两个维度上的矛盾冲突，使改革之路曲折往复多变，这些共同组成了高考改革的生态和总体图景。

但无论如何，高考在改革中前行，40余年的高考改革历程折射出的是中国改革开放巨人腾飞的轨迹，体现的是党和政府对高考的高度重视，体现的是社会对高考的巨大关注以及对高考改革的诉求，体现的是对公正、公平的热切呼唤和不懈追求，体现的是对选拔和培养什么样的人的审视和引导，体现的是社会对基础教育、高等教育和素质教育改革的引领与促进，体现的是对减轻学生负担的热切呼声以及对各类学生的人文关怀。

陈志文：新中国成立70多年来，我国教育所取得的最突出的成就是什么？

尚　可：这70多年来，我认为我国教育发展取得的最突出成就是让这么多人能够接受比较好的基础教育。我们国家地域广阔，各地区在基础教育阶段的教育基础不一，教育水平也相差很大，发展并不均衡。即便如此，无论是发达地区还是欠发达地区，现在各阶段教育的毛入学率都非常高，这是一个非常了不起的成就。当然，还有一个突出成就便是高校的迅速发展，高校毛入学率的迅速提升，同样是了不起的成就。

二、高中同质化现象较严重，很难做到多元发展

陈志文：从您的从教经历看，您之前担任过浙大附中、杭州高级中学的校长，现在担任杭州二中的校长。在您看来，这三所中学各自有哪些特质？

尚　可：由于有高考这把尺子放在那里，所以，中国的高中虽然都有

一些特点，但同质化现象还是比较严重，很难实现真正意义上的多元化发展。能在高考升学和素质培养上把握平衡、有所融通已属难能可贵。

从感受上说，三所学校都是历史名校，尤其是杭高（杭州一中）和杭州二中横跨三个世纪，是省内顶尖名校。三校在各个历史发展阶段的风气之先都颇有建树。在目前高考这重目标下，都较注重平衡把握，重视面向全体，以及学生的全面发展和多元发展。栖霞岭下的浙大附中错落有致，校园小而雅，具有较浓的"学术"味道和氛围，学生严谨规范温文尔雅。杭高"贡院"校园历史悠久，"血统"和"学统"正宗而高贵，有五十多位院士校友，知名校友灿若星河。学校人文教育传统和资源厚重，人文教育、天文教育影响很大，学生更富激情和浪漫。善良、丰富、理性、高贵，是学生核心品质之追求。杭州二中是学生一心向往的学校，学生和家长以进入二中为荣，学生大都是初中学校的佼佼者。二中的学科竞赛及顶尖大学的入学率在全国具有相当的知名度和影响力，拔尖创新学生的培养是其鲜明特色，自主发展教育模式是其富有影响力的教育模式，集团化办学走在前列。二中的学生充满自信、志向高远、成长性高。

陈志文：您提倡的"文理融通"，如何理解？

尚　可：社会在不断发展，对教育也提出了新的要求，教育需要把握发展规律，与时俱进、改革创新。我认为"文理融通"是现代教育培养人素养的一个重要信条。

不论哪所学校，办学过程都有共性。我认为，为学生的未来奠基，培养合格的人才，需要"文理融通"的理念。人文解决的是人的灵魂，是生命的意义，人文可以扩大生命的内涵，撑起灵魂的天空；而理科解决的是面对世界观察和研究的一种科学方法论。这两者缺一不可。20世纪初，蔡元培认为："文科学生视自然科学为无用，遂不免流于空疏"，"理科学生视哲学为无用而陷于机械地世界观"。人文与科学就像车之两轮，鸟之双翼，只有并驾齐驱，双翅并用，方能驰骋于自由之王国，成长为一个健全的自由的"人"。诚如诗人萨松所言："我心有猛虎，细嗅蔷薇。"科学与人文就像"人"字的一撇一捺，互为支撑，互为扶持，才能写出一个德才兼备、文理兼优、刚柔相济、情理交融的大写的"人"。

三、校长应该具备哪些素质？

陈志文：在您看来，一名校长应该具备哪些素质？

尚　可：从校长的角色定位和作用来讲，我认为校长有三个身份，即领导者、教育者和管理者，应该是三者的三位一体。作为领导者，校长要把握正确的办学方向，要具备审时度势的大局观和长短结合的发展观。要确立学校的办学愿景，规划学校发展蓝图，做教育思想的领导者。作为教育者，校长应该懂教育，是一位内行教育人，乃至于是专家。作为管理者，校长要凝聚人心，通过内部和外部有效的管理，建立机制来支撑和实现其办学行为。概括地说，校长要确定战略、构建关系，承担责任。要用"结构—关系—战略"的框架思考和推进学校的发展。

根据自己的亲身感受，我认为当下能够静下心来专心做一名校长是最难能可贵的，做教育不能浮躁，不能急功近利。无论是领导者、教育者还是管理者，首先、要立足于学校，从实际出发，脚踏实地。其次，从某种意义上讲，校长是一所学校的符号，其言行、所关注的问题、办事的风格对教师、学生、家长都产生着影响。"一个好校长就是一所好学校"，这句话主要体现的是校长对学校和师生的影响力。最后，校长要善于利用多种方式学习，包括借鉴同行的先进经验等。

陈志文：您认为自己最大的优点是什么？

尚　可：这真不太好说。也许我身上有一点诗人气质，心中充满理想和激情。但多年校长的经历又使自己能从现状出发脚踏实地步步践行，也因有较丰富的管理经验和智慧，所以也懂得灵活、不拒变通。总之，许多人认为在我身上"平衡"一词理解得比较充分，比较能"换位思考"，心思细腻敏感，处理问题比较"通情达理"。也许在我身上有一些上述特点的体现，我常常告诫自己要仰望星空，也要脚踏实地。而平衡是一种境界，平衡也是一种策略。管理需洞察人心，方圆有度，合法合情合理。

在教育的许多宏观和微观问题上，走极端不是方向，也许需要有实践的智慧平衡两极，在两个极端中间走出一条路来。

陈志文：未来，您想将杭州二中办成一所什么样的学校？

尚　可：百廿二中，横跨三个世纪薪火不断，培育万千英才初心不变。从蕙兰学堂到国立浙大附中，到杭州二中，再到杭州二中教育集团，百年以还，与时俱进，弦歌不辍，成绩斐然。二中是一所老学校，二中是一所大学校，二中是一所名学校。过往未往，我们为之热泪盈眶；未来已来，我们为之心潮澎湃。二中需要勇敢地走上前去，迎接这个骤变的时代。相对于教育的现实性、继承性和经验性，需要更关注教育的理想性、批判性和实验性。需要把握平衡，努力超越传统与激进、维持与变革、本土与全球这种二元对立，让基础性、发展性、创新性相得益彰，在理想的指引下，以更理性和建设性的态度面向未来探索前行。

具体地说，我们想将二中办成一所有内涵、有特色、高品质的研究型高中。它是一种"未来学校"，是一种精英学校。它是以创新性知识的学习和初步应用，以及研究性学习方法、研究精神与创新能力培养为核心，以为高层次创新型精英人才奠基为目标，并在人才培养和教育改革中发挥重要示范作用的精英高中。这里的创新性知识、研究方法和创新能力不是零散地、简单地、自发地培养，而是系统地、综合地、自觉地释放着独特的效能，而且为创新型人才奠基是我们的神圣使命。

研究型高中的建设需要新型的教育者、新型的校园、新型的课程、新型的教学、新型的学校文化，尤其是课程，需要有面向全体学生的普通课程体系，需要有国际课程体系、荣誉课程体系以及实验课程体系。我们的课程要体现学术的前沿性、研究性和创新性。要使我们的课程体系逐步形成重选择、高素质、强潜能的体系；要使我们的教学体系逐步形成重自主、高立意、强素质的教学体系。当然，要完善研究型高中的自我认知和要素架构，逐步形成整体框架，肯定有很多的路要走。但目标不一定是用来实现的，目标更多的是一种方向的引领。

在实践探索中有一些是可以先行进行尝试的：一是，在面向全体学生的普通课程体系中进行相匹配的研究性教和学的模式构建，以及体现常态化学习的选择性和自主性。二是，以学生工程院和科学院为载体，逐步建构荣誉课程、实验课程和国际课程体系。逐步开展 STEM 课程，超越学科中心，增强课程的综合性。逐步加强主题学习研究，改进以"做中学"等项目研究为特色的学习方式。三是，要在实践中开发教师的内驱力，提高教师的专业研究意识和能力，形成学术型、研究性、国际化的师资团队。

四、一名合格的教师应该具备哪些素质？

陈志文：一名合格的教师应该具备哪些素质？

尚　可：习近平总书记提出要做有理想信念、有道德情操、有扎实学识、有仁爱之心的"四有"好老师。"四有"标准对师资队伍建设的引领作用和意义十分重大。

今天的学校，经常出现两类教师。一类教师在教学中视野开阔、纵横驰骋、生动活泼，学生听得津津有味，然而由于教学目标和重点突出不够，考点训练不够，课后落实不够，导致学生考试成绩不行，两极分化较严重。另一类教师学科功底一般，教学能力也不突出，课堂教学欢迎度不高，然而因为对考点重点盯牢盯准，训练强度大，落实时间多，所以成绩不错，特别是平均成绩突出。这两类教师都难以称为合格教师、优秀教师，都难以受到学生、家长和学校共同的肯定和欢迎。究其原因，除了上述分析的之外，非常重要的是教学中对知识、方法、能力、素养等培养要素的平衡把握处理不当，对训练落实和思维方法能力培养的度的把握有所偏颇。从大了说，这里也有一个心中理想和现实功利的平衡把握问题。

我们一直在讲素质教育和应试教育，也许从一定意义上说，素质主义是理想，应试主义是现实，素质主义是长远的，应试主义是眼前的，素质主义是可追求的，应试主义是可实现的。今天，鱼和熊掌能够有一些兼得的教师一定是好教师。

虽然，从规律上讲，培养学生的素质肯定会有助于学生应试成绩的提高，但是未必在高考这个阶段能充分体现，也许更多是在整个人的一生中有更多体现。

今天的教师，要把两者结合起来并且努力做好。这需要一种非常好的实践智慧。如果说老师只是照搬热点教学理论，去做所谓的真正的教学，模仿许多做秀的"概念性"课程，那到最后，会举步维艰。但是，作为老师又不能心中只有高考，只有成绩，如果这样，学生的未来就很有可能受限。需要平衡好学生成绩与未来发展的关系。

当然，我们关注学生当下的成绩，更要关注成绩背后的学习过程的优化，寻找眼前和长远的结合点。首先，要充分撬动学生的内驱力。促进学生提升学习的愿景和目标，学生的学习有了愿景和目标后，作为老师还要帮助学生将目标分解成可实现的小目标，并有计划地引领学生实现小目标，进而提升他们的学习自信心。我们要使学生认识到只有积累和坚持，只有逐步实现小目标才能真正实现大目标。其次，要着力培养学生学习的元认知能力，提高学习力的水平和境界，花大力气循序渐进地引导和培育学生的自主学习、自主发展的素质能力。这既是今后持续发展的核心素养，也是提高眼前学习成绩的重要策略。

陈志文：现在很多孩子的教育问题其实背后都折射出了家庭教育的缺失。在您看来，现在的家长或者说家庭教育存在哪些问题？您觉得如何才能成为合格的家长？

尚　可：有句话讲，世界上有一种职业不用培训就可以理直气壮地上岗，那就是父母。每个家长都很自信，自己的教育理念、教育方法都是无可挑剔的。但是，他们在学生教育的责任方面存在一些片面认识。常常认为教育就应该是学校的责任，对学校要求很高。需要明确的是，学校有教育孩子的责任，但是不能因此就将教育的责任一股脑推给学校，学校无法承担无限责任。家长是孩子的第一任教师，家庭教育的重要性不言而喻。一个孩子的规矩、规则意识都是从小树立、建立起来的。

杭州二中提供的教育环境是宽厚、宽容和宽松的，但也是有底线、有边界的，我们推崇追求的教育是宽严相济的教育。我们努力创造生机勃勃的教育模式，促进学生自主发展能力的提高，然而这也是在规范管理基础上循序渐进地进行的。有些家长崇尚严格教育，迫切希望在过程中的每一个环节老师都要严管学生。其实并非一时严管就是好的，倘若如此，学校和军营乃至于和监狱有何区别？该放手的时候必须慢慢放手，这和约束是一个问题的两个方面。不能只放不管，也不能只管不放。比如，青春期的孩子容易叛逆，容易与家长造成观念和认知冲突，这个时期作为家长，应加强沟通和引导，互相尊重，陪伴成长，让孩子逐渐学会自理、自立。家长不要过度地焦虑，不要拿着放大镜、显微镜去管孩子。孩子的成长不是一帆风顺的，学生也是在不断地失误中成长的！

家长的过度焦虑，主要是怕孩子"输在起跑线上"的心理作祟。究竟何处是起跑线？甚至提早到了胎教。很多家长担忧不公平待遇，怕吃亏。都觉得要尽自己最大的努力，争取最优质的资源、最好的结果，都想追求绝对的公平。但是，世界上没有绝对的公平，家长所谓的绝对公平都是狭义的。这就好像浙江高考的"七选三"，很多家长都在算计，计算怎么考划算，怎么考可以"占便宜"，而较少从孩子的兴趣出发，从未来的发展规划出发。

还有补习班现在为什么这么热？其一，家长们觉得自己没有时间管小孩，送补习班读书心里放心；其二，这也反映了一种群体性的焦虑。焦虑因对比滋长，也因攀比而蔓延。这种集体焦虑，本质上其实是对时代的焦虑，对自己的焦虑，对文化不自信的焦虑，对阶层固化的焦虑。其中既有对社会公平和美好的期盼，也有对教育的不满与不安。今天的家长，经常是发现小孩有点问题就很急，要来管一管。听到别人家的小孩子出成绩了，又觉得心里很着急，多表现为一种即时性的、随机性的教育行为，也可以视为特定阶段突击性的培养行为。从现状看，家庭教育是缺少整体把握的。正是因为这种不确定性，导致家长不仅仅焦虑眼前，更焦虑以后，上小学以后，上初中以后，上高中以后，上大学以后，甚至是往后几十年。

当然，焦虑未必一定意味着就是坏事。有焦虑就有质疑与反思，而质疑与反思终将带来教育的发展和进步。

理想的家庭教育应是这样的。父母通过营造学习型家庭的良好氛围，让孩子感觉到家长对事业的追求，因为言传身教是最好的教育。同时，好的家庭教育还会具备"文化反哺"的功能，孩子在自我成长的同时，还会帮助父母成长。所以，好的家庭教育往往表现出家长、孩子双方共同成长的特征。

五、全面否定奥数是不科学的

陈志文：教育部门近些年来针对奥赛出台的一些政策，在社会上引起了不小的争论，奥数被妖魔化了，您怎么看奥数？

尚　可：奥数学习对学生的数学学习兴趣及数学方法和思维能力等核心素养的培养肯定有益。它是一个重要平台，也是给部分有兴趣、有特长、有个性的学生脱颖而出的一条绿色通道。

然而，现在的问题是一方面奥数等竞赛学习和培训方式过于模式化，过于死板机械，甚至走进了记忆训练和题海的老路，没有起到对学生兴趣、方法和能力培养的作用。另一方面由于生源竞争等许多功利化的追求，各个阶段都把奥数等竞赛成绩及作用扩大化，乃至成为选拔录取的极其重要的标准，并由此导致众多学生无论是否适合都争先恐后地去追逐去竞争的失衡失范现象的出现。此时，出台一些政策，降降温是应该的，然而倘若一刀切乃至全盘否定恐怕也是欠科学的。

其实，并非每个孩子都适合学奥数，学习奥数的学生首先是有没有兴趣，能否培养些兴趣；其次是有没有这个实力，有没有这个时间和条件。

陈志文：国家之间的竞争说到底是人才的竞争，人才竞争的核心问题归结还在教育问题，对于很多学校来讲，培养拔尖创新人才成为摆在眼前的重要课题。在您看来，拔尖创新人才培养的关键是什么？

尚　可：在我看来，首先，学校尤其是优秀学生汇聚的名校能否有一种共识，那就是超越眼前的竞争和功利，真正把为学生的卓越发展奠基作为义不容辞的历史使命，把拔尖创新人才的培养作为责无旁贷的崇高责任。其次，要在价值塑造、知识学习、能力培养这三大核心要素方面，高境界、高水平、高品质地为学生奠基。特别是人生信念（理想、胸怀、情怀）、兴趣、性格、习惯（生活、思维、学习习惯）、坚毅等难以考试评估，但又潜藏于心，甚至决定人生高度的核心素养和关键能力。再次，学校要尽最大努力在课程、教学、活动、团队等方面拓展路径、创设平台、创设氛围，从而构建体系和机制去引领、促进学生的高水平发展。

拔尖创新人才培养的关键更要把学生的命运和世界及国家的命运联结在一起，引领其以特有的大境界、大格局、大情怀，在追赶时代之时引领时代，在适应世界之时改变世界，去征服星辰大海，去抵达心中的远方！

>>> 朱华伟

　　朱华伟，教育学博士，二级教授，特级教师，博士生导师，享受国务院政府特殊津贴，全国优秀教育工作者，深圳教育改革先锋人物。现任深圳中学校长、党委书记，兼任创新人才研究会副会长、中国高等教育学会教育数学专业委员会常务副理事长。曾任国际数学奥林匹克中国国家队领队、主教练，率中国队获团体冠军，指导多名选手获国际金牌。

朱华伟：办一所具有世界影响力的中学

一、缘起数学：从爱上数学到爱上教育

陈志文：您高中毕业后入读师范，后来一直学数学、研究数学教育，您为什么如此喜欢学数学、教数学？

朱华伟：我1979年高中毕业，受"文革"的影响，中学期间基本没读过什么书。但当我读完徐迟的报告文学《哥德巴赫猜想》后，文中数学家陈景润的故事让我彻夜难眠，对我影响极深。在高考报志愿时，我的四个专业填的全是数学。后来，我如愿入读了汝南师范学校数学专业。

进入汝南师范后，因为对数学特别感兴趣，读一年级时我就获得了全校数学竞赛第一名。毕业后，我被分配到县里的农村中学——红光高中（现汝南一中），教高中毕业班数学，这段经历让我对教书产生了特别浓厚的兴趣。可以说，我是先喜欢数学、喜欢孩子，后来喜欢数学课堂、数学教育，随着经历的变化和人生的成长，最后就变成了喜欢教育。

陈志文：您19岁就当教师，刚毕业直接教高中毕业班，非常优秀。

朱华伟：10年"文革"，青黄不接，那时有能力做高中老师的人很少。1978年春天，恢复高考后的第一批大学生入学，1982年才有了第一批本科毕业生。

那时正值改革开放初期，整个国家充满正能量。对有知识、有文凭的

人，也是前所未有的重视。20世纪80年代初，我在高中教书时，复读的学生还比较多，很多学生与我年龄相当，甚至有些人比我还大。很快，我当了班主任，第二年担任学校团委书记，边干边学。

陈志文：当时您已经很受重视了，但为什么还是选择继续深造？

朱华伟：因为还想有更大的发展空间。1985年，我通过专升本考上了河南教育学院读本科，毕业后回到县城的汝南二高，教高中毕业班数学，边教书边准备考研究生。

1986年，中国第一次正式参加国际数学奥林匹克，湖北省队成绩优异，在著名数学家齐民友教授的建议下，湖北大学开始招收数学竞赛研究生。1989年1月，我参加研究生考试，考入了湖北大学数学系的数学教育（数学竞赛）专业，也成为湖北省招的第一个数学竞赛专业的研究生。

在武汉读研的三年里，我如饥似渴地学习，收获非常大。读研期间，著名数学家张景中教授推荐我先后担任北京集训队、国家集训队教练。对于我们这些跨过10年"文革"的人来说，这样的学习机会十分难得。1992年研究生毕业后，我到武汉市教研室工作。1993年评为特级教师，当年31岁。

陈志文：这么年轻就被评为特级教师非常罕见。

朱华伟：是"破格"，因为我在市教研室工作比较勤奋，成绩也突出，又赶上湖北省有好的政策。

那时高考资料比较稀缺，我在高考资料、竞赛资料的编写构思上做出了一些创新；在指导数学竞赛过程中我也取得了很好的成绩。我当时是湖北奥校的副校长，带领武汉队参加第四届"华杯赛"并取得了全国个人冠军。此外，我当时已经发表了20多篇论文，出版了多本著作。

我在武汉市教研室工作了3年，1995年调任江岸区教委副主任。我上任后的第一件事情就是筹办理科实验班，立足在全面发展的基础上，突出个性特长，及时发现和培养理科尖子，探索资优生培养方法和成才规律。

记得当时办理科实验班，我还顶着不小的压力，坚持每周一下午去武汉六中上课，每周六上午去武汉二中上课，骑着自行车，风雨无阻，不取报酬。现在想来，20世纪90年代初我就已经在开始探索拔尖创新人才的培养了。

陈志文：您2000年被派往美国做访问学者，这期间对您影响或者改变最大的是什么？

朱华伟：我在加州州立大学洛杉矶分校待了6个月，除了正常的学习外，还收集了大量的图书资料。这段经历也让我更加确定，我的性格不适合做教育行政官员，更想做点实实在在的事，办好一所中学，做中国的苏霍姆林斯基。

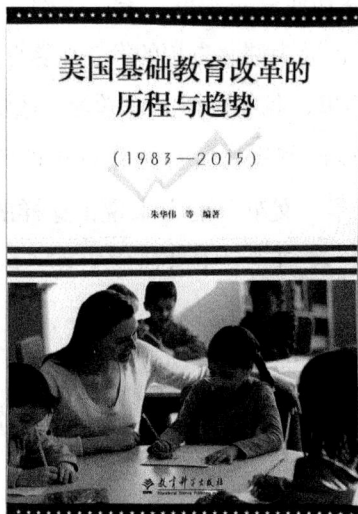

陈志文：这段经历让您重新找到了学术上的兴趣和成就感，找到了自己的价值。

朱华伟：对，我觉得自己更适合做数学教育研究，或者更适合做教育。所以2000年9月回国后，我毅然辞去了江岸区教育局党委书记职务，2001年7月5日离开了武汉，当时我39岁。一次机缘巧合的机会，我获任人大附中珠海校区校长。办学3年，当地政府部门以及人大附中刘彭芝校长都很支持。学校办得有声有色。

2004 年，应张景中院士之邀，我到了广州大学软件所，同年被评为研究员，接替张景中院士，担任软件所所长。张景中院士在做人上、在数学上都对我影响很大。

在广州大学的 10 年，是我学术生涯中最好的 10 年。这 10 年里，我致力于拔尖创新人才培养的研究，探索数学创新人才的早期发现和培养规律，兼任中国数学奥林匹克委员会委员，在国内外发表相关论文 20 余篇。2009 年，我担任第 50 届国际数学奥林匹克中国国家队领队、主教练，率中国队获得团体冠军，多名选手获国际金牌。我运用教育数学思想指导初中数学教材改革的理论研究和教学实践，在《课程教材教法》等刊物发表相关论文 10 余篇，主要成果后来获国家级教学成果奖二等奖（2018年）。2014 年 2 月，我负责筹办广州市教育研究院，并任院长、党委书记。2017 年 1 月，我来到深圳，任深圳中学校长。

2009 年中国队载誉归来

从左到右依次为：

第 1 排：郑志伟、黄骄阳、林博、赵彦霖、韦东奕、郑凡

第 2 排：冷岗松、朱华伟、王杰、熊斌、付云皓

虽然这些年换了很多岗位，但我感到自豪的是，一直没有脱离课堂。因为我喜欢数学，喜欢学生，热爱数学教育，热爱教育事业。

二、毕生理想：办一所培养具有中华底蕴和国际视野的拔尖创新人才的世界名校

陈志文：您为什么会到深圳中学当校长？

朱华伟：之所以来深圳中学就是为了追寻教育梦想。我毕生的理想，就是办一所培养具有中华底蕴和国际视野的拔尖创新人才的世界名校。

经过70年的发展，新中国的基础教育在世界上已有一定地位，但真正达到世界一流水平的高中还比较少，整体呈"均值"高、"方差"低的特征，也就是说，虽然平均水平较高，但是出众的人少，拔尖人才少。中国有两所大家公认的国内最好的中学，北有人大附中，东有上海中学，在中国还没有可以跟这两所学校比肩的中学。而身处深圳的深中，有与他们形成"三足鼎立"格局的潜质。

我有近40年对教育的热爱和丰富的教育经历，希望把自己的教育智慧和经验奉献给学校，给更多老师提供发展平台，为国家培养更多的拔尖创新人才，这不仅仅是为社会作出自己的贡献，也是在实现自己的人生价值。我希望通过努力，带领深中再上一个新台阶，达到国内领先、世界一流的水平。

陈志文：深中建校至今已经72年了，您刚到深中任校长时，提出新的办学目标是"建设中国特色世界一流高中"。您觉得，何为"世界一流"？又该如何理解"中国特色"？

朱华伟：深中地处改革创新之城——深圳，伴随着深圳的发展而成长，拥有与深圳气质相符的文化和精神。建校70周年时，学校发起了关

于"深中精神"的大讨论，得到了校友的热烈回应。经过充分讨论和反复斟酌，我们在所有答案中取了"最大公约数"，确定了认可程度最高的八个字作为深中精神的总结："追求卓越，敢为人先"。这是深中校园文化的核心所在。

70 余年来，学校开展了诸多教育教学改革，培养了一批富有开拓创新精神的人才，这就是对"敢为人先"的最佳注脚。在中国特色社会主义进入新时代和国家加快建设"双一流"的背景下，我们提出了"建设中国特色世界一流高中"的办学定位，也体现了深中人"追求卓越"的精神内核。

"中国特色"的教育必然是传承中华文化血脉、践行中国特色社会主义道路、为国育才、服务国家发展的教育，这是新时代的要求。我们提出建设"世界一流高中"的目标，是响应国家建设"双一流"大学的号召，因为要建设世界一流大学，一定要有世界一流的高中毕业生，也就需要有相应的世界一流高中。

陈志文：深中建设世界一流高中的抓手是什么？您认为，世界一流高中又有哪些指标？

朱华伟：我认为首先要以"立德树人"为根本，要有优美的、有文化底蕴的校园环境，还要有一流的教师和学生。我们的校园环境、教育理念、师资队伍、教学设施、科研成果等都要向世界一流看齐。

我们也提出了新的培养目标，即培养具有中华底蕴和国际视野的拔尖创新人才，中华底蕴、国际视野、拔尖创新这三个关键词，是深中能否成为世界一流高中的重要指标。培养目标最终的落脚点在"拔尖创新人才"上，创新型人才的核心是创造力，包括创造性精神、创造性思维和创造性能力等，这也是学校培养人才的主要着力点。另外一个重要指标是，我们培养的毕业生要大部分能升入世界一流大学。实际上，目前我们现在每年有超过 70% 的学生进入世界一流大学或在建设的世界一流大学。将来，我们希望这个比例能够达到 80% 以上。

陈志文：您此前曾致力于拔尖创新人才培养的教育研究，如今在深中进行拔尖创新人才培养的实践，为何培养拔尖创新人才如此重要？

朱华伟：综合国力的竞争说到底是人才的竞争，而其中拔尖创新人才又起着重要的作用。20世纪末，就有教育家提出，50年间我们培养了不少合格人才，但也压制了一些拔尖人才，不少有才华的学生被扼杀在摇篮里，特别是那些奇才、偏才。其中一个原因，就是我们把全面发展与个性发展对立了起来。

近十几年来，我国各大高校在拔尖创新人才培养方面持续发力，诸多高等教育领域的"拔尖计划"应运而生，如北京大学的"元培学院"、清华大学的"清华学堂人才培养计划"、浙江大学的"竺可桢学院"等。那么，拔尖创新人才的培养应该是从大学才开始吗？答案是否定的。

从教育科学的角度看，拔尖创新人才所必备的许多重要素质是在基础教育时期培养和发展出来的，但这一点在我国长期以来并未受到应有的重视。在初、高中阶段，我们就应该积极探索拔尖创新人才培养的机制和模式，发现、孕育并系统培养人才苗子，建构一个符合人才成长规律并与高等教育接轨的完整教育链。

陈志文：在培养拔尖创新人才方面，深圳中学具体做了哪些探索？

朱华伟：我们的确做了很多探索，在资优生培养方面积累了丰富经验，建立起了较为完整的拔尖创新人才培养体系。比如，启动个别化教育计划（Individualized Education Plan），在落实国家基础课程标准的前提下，根据学生的身心特征和实际需求，针对每个有特殊需要及才能的学生，拟定个性化的教育方案；邀请海内外知名学者讲学，开拓师生的学术视野，至今已邀请了多位诺奖得主、两院院士以及北大、清华、深大、南科大的杰出学者为学生开设"深中大讲堂"，付云皓博士、韩嘉睿博士等国际奥赛金牌得主在内的青年学者到深中为学生上选修课也成了常态；搭建高端学术活动平台，让学生在国际化的比较中迎接挑战；拓展创新教育平台，持续丰富优质学习资源等。

2017年，深中与华为联合设立了"深中—华为特殊人才奖学金"，资助在科学、人文等方面具有特殊专长的天才、偏才、怪才，助力他们成长为国家栋梁之才。这两年我们招了几个孩子，都比较典型。有个孩子叫周楷文，对数理特别感兴趣，他2017年9月入校读高一，2018年7月就拿到了全国信息学竞赛金牌，2019年8月，以全国前10名的成绩进入国际信息学奥林匹克中国国家集训队。还有个孩子叫彭也博，2018年春节后来深圳中学读初一，2019年获全国高中数学联赛广东省赛区第一名，2020年获第36届中国数学奥林匹克竞赛第一名。

多元智能理论告诉我们，社会上有全才，但不是所有人都是全才，每个人擅长的领域不一样。拿一把尺子衡量所有人，势必会让那些在某一方面有特长的人被埋没。但反而是这些人，很有可能成为某个领域的卓越人才。

陈志文：在您看来，拔尖创新人才早期培养的关键是什么？

朱华伟：根据我个人的认识和经验，中学阶段拔尖创新人才的培养应该做好以下几个方面的工作：首先，要打好基础。俗话说，万丈高楼平地起。没有继承就没有创新。其次，学校要为学生搭建多元发展平台，激发学生的学习兴趣、求知欲和好奇心，培养发现问题、提出问题和解决问题的能力。最后，培养学生的创造性思维、主动探索精神、大胆质疑、批判性思维、合作能力等，引导学生树立献身科学的志向，养成锲而不舍的钻研精神；在树立科学精神的同时，也要拓宽学生的人文视野，培养人文情怀。

三、奥赛争论之思：让学生在擅长的领域脱颖而出

陈志文：近些年来，教育部门针对奥赛出台了一些政策，在社会上引

起了不小的争论。作为曾经的国际数学奥林匹克中国国家队领队、主教练，您对此怎么看？

朱华伟：很多人在谈论这件事情时，其实并不知道数学竞赛是做什么的。我从读师范期间就参加数学竞赛，研究生是数学竞赛专业，之后又长期担任国家队教练，这些经历让我对数学竞赛有更深刻的认识。

信息技术时代，国家急需大批拔尖创新人才，而奥数是拔尖创新人才早期识别与培养的重要途径之一。从高校招生来看，虽然奥赛获奖者参加高考不再加分了，但教育部给予进入国家集训队的学生保送北大、清华的政策，奥赛获奖者仍是名校争抢的对象，不少名校给出"降至一本线录取"的优惠。

正因为这样，有不少家长抢着给孩子报奥数班，以此作为升名校的敲门砖，很少考虑孩子是否真的喜欢数学，所以社会上才会出现针对奥数的争论。

我认为，一窝蜂搞奥数实在没必要，也不可行！奥数是一项高水平的开发智力的活动，学习奥数也要有一定的数学天赋，和弹钢琴要有音乐天赋是一样的道理。

中国乒乓球为什么这么厉害？因为全民都会打乒乓球，但不一定都要去当世界冠军，可以作为爱好，锻炼身体、磨练意志。数学也一样，只要孩子有兴趣，就可以让他多学，不一定非要将来当数学家，而是通过数学学习，培养逻辑推理、几何直观、数学抽象、数学建模能力，培养他对数据的分析判断、对图形的认知，这种智力的开发对孩子的一生都有好处。

那究竟什么样的学生适合学奥数？我认为有两类：一是对各门学科学习学有余力者，二是对数学有兴趣者。

陈志文：那您如何评价这些针对奥数的争议和非议？

朱华伟：社会上针对奥数所产生的争论，主要是在小升初阶段，小升初是"奥数热"的根源，大家诟病的是奥数会给孩子增加学习负担。对此，我有三点想法：

第一，在义务教育阶段，小学升初中时，教育行政部门不允许有选拔性的考试，但各个学校的办学水平、办学资源不同，这是客观现实，也不可能在短时期内解决。有些学校的师资力量确实很强，适合培养拔尖人才，家长们也都希望自己的孩子在升初中、高中时能进入更好的学校。

第二，每个孩子擅长的领域不同，有的擅长舞蹈，有的擅长体育，有的擅长文学，有的擅长数理。真正好的教育，应该是根据孩子擅长的领域为他们提供适合的发展土壤和平台。

第三，国家和人类需要各种各样的人才，我们没有必要逼着孩子成为十项全能运动员。大家都在讲，我们缺少创新的东西，归根结底是我们缺少创新人才。而创新人才的培养，不可能从大学才开始，要从小学、初中开始，不然就把孩子们的天分埋没了。

目前来看，即便没有奥数，没有数学竞赛，孩子也会有其他负担。我认为，对于青少年的课外兴趣活动，积极的对策不应当是限制堵塞，而是开源分流。发展多种课外活动，让更多的青少年各得其所，把各种活动都办得像数学竞赛这样成功并且被认可，数学竞赛培训活动过热的问题自然就得到缓解或化解了。

陈志文：我们现在的教育治理，很大程度上是在追求所谓的均衡。

朱华伟：世界上很少有国家能实现绝对的教育均衡。我们还是应该尊重教育规律，尊重孩子的成长规律，相信生物基因科学。有些孩子就是擅长数理，我们就得为他们提供平台。

对人才不能求全，把"木桶理论"简单地类比到教育上是错误的。这样的类比只是一个猜想，而不是科学的命题。我们生活中很多"短板"并不是一个人生存所必需，因此没必要花费本来就有限的时间通通补起来。现代社会非常需要我们在兼顾学生综合素养的前提下，争取把"长板"做长，这样他们自然而然会在擅长的领域脱颖而出，从而最终有所成就。一个人真正对社会做出的贡献，并非取决于短板，而是取决于长板。

陈志文：我们必须给特殊人才的培养搭建平台，不能一刀切。

朱华伟：按照心理学的统计规律，资优儿童的占比大约为3%—5%，对于中国这么大的人口基数来说，这是一个很大的群体。最能发现孩子数理、语言、绘画等天资的阶段就在小学初中，到高中以后再筛选就来不及了。

教育的使命是设法满足所有学生的教育需要，提供适切的教育环境，尽可能使学生发挥潜能。

目前的九年义务教育政策，已经基本为所有的儿童奠定了良好的教育基础。为什么中国改革开放这40余年发展得这么好？其中一点就是得益于中国基础教育发展的好，使我们的民族文化素养得到了极大地提高，特别是全民的数学教育水平高。

但资优儿童作为一个特殊群体的存在，有其特殊的教育需要。他们的学习需要与一般学生不同，课程应能适应或容纳这些特殊需要；他们既需要加速加深教育，也需要充实、延伸教育；为了实现最优的教育效果，他们的课程更应该被更好地设计和实施。只有针对这个群体的特点而提供适切性的教育环境，才能最大程度地发挥他们的资优潜能，促进自我认同，将潜质转化为现实的能力。

四、创新发展之源：重视数理等基础学科

陈志文：数学、物理等自然科学对人才培养至关重要。改革开放以来，我们培养了大量的理工科人才，从数量上来说，中国这些年培养的STEAM 人才是美国的很多倍。您对此怎么看？

朱华伟：是的。数学、物理是自然科学的基础，是重大技术创新发展的基础，数理实力影响着国家实力。李克强总理在 2019 年 9 月 2 日召开的国家杰出青年科学基金工作座谈会上指出，"基础研究决定一个国家科技创新的深度和广度，'卡脖子'问题根子在基础研究薄弱"，而"数学则是基础研究的基础，是其他科学研究的主要工具"。

2019 年，面对美国制裁，华为总裁任正非在接受中央电视台专访时颇有感触地说道："发展电子工业，过去的方针是砸钱；芯片光砸钱不行，要砸数学家、物理学家等"。任正非以华为公司的实际经验深刻地洞见到，想要发展创新产业和尖端科技，光有资金投入是远远不够的，没有基础学科的支持、没有尖端人才的推动，前沿产业的发展也就成为了无源之水、无本之木。

重视并加强基础教育阶段的数学、物理等自然学科教育迫在眉睫，尤其是对于数学、物理拔尖人才的早期识别和培养，给予这些好苗子一个适合的特殊的成长机会至关重要。

　　早在1963年，苏联就在莫斯科、列宁格勒、基辅和新西伯利亚四个城市设立寄宿数学物理学校，覆盖五年级到十一年级，培养了一大批杰出人才。目前仅华为聘请的俄罗斯数学家和物理学家就有几百位。2002年，我曾有幸与中国首批博士、著名数学家、国际数学奥林匹克中国国家队领队苏淳教授合作翻译了《俄罗斯青少年数学俱乐部》一书，从中我们可以获得一些经验。

　　在数理教育方面，在北京，人大附中设有早培班、实验班；在广州，华南师大附中开设奥班、创新班；在深圳，深中也有竞赛班、实验班等。这些办学经验都为我们进一步探索拔尖创新人才培养提供了很好的参考。

　　陈志文：数、理等学科是创新教育的基础，目前深中在创新教育其他方面还有哪些具体的探索？

　　朱华伟：深中坚持开门办学，融合社会优质教育资源，打造"创新生态"，延伸课堂。目前已与华为、腾讯、大疆、北大、清华等著名企业、高校共建了 19 个创新体验中心和创新实验室。以深中与香港中文大学（深圳）共建的"智能机器人创新实验室"为例，大学提供专业人员支持，组织安排讲座、竞赛活动，介绍前沿科技资讯，提供校外研习活动及社会综合实践基地等。深中安排专人负责项目统筹协调、提供实验室场地和基础设备、安排相关学科教师参与课程研发及活动设计、实施等。

陈志文：创新体验中心和创新实验室是重要平台，具体落实创新教育应该还需要相应的课程支撑。

朱华伟：是的，我把它总结为"一体两翼，共促发展"。

"一体"的主体为课程，除了国家规定的必修和选修课程，深中还开设了丰富的校本课程，夯实基础。我们这学期就有近 160 余门选修课，其中与科技教育相关的有 10 多门。此外，我们还开发了以"项目式学习 PBL(Project-Based Learning)"为主要模式，以工程和技术为核心，结合信息、技术、数学、物理、生物、化学、政治等学科的校本系列 STEAM 课程。

"两翼"指社团活动和学术竞赛，学校会鼓励学生积极参与上述活动，以此帮助他们拓展视野、锻炼、培养各项能力。深中有 100 多个社团，与科技活动相关的社团有近 20 个，比如，星火创客空间就很有代表性。截至 2019 年 9 月，学校连续举办了四届创客节和一届创客展。创客文化渐渐深入人心，也逐渐形成了人人有创新、个个出创意、动手与动脑紧密融合的学习氛围。

学术竞赛方面，深中参加了包括 USIYPT 美国青年物理学家锦标赛、iGEM 国际基因工程机器大赛、FIRST 机器人大赛、丘成桐中学科学奖、CTB 中国大智汇创新研究挑战赛等 30 余项国内外著名的学术活动。

陈志文：深中的课程确实非常丰富，在您看来，创新教育的核心是什么？

朱华伟：创新教育走的是一条前人未走过的道路，因此，本身就需要做到创新。对其来说，课程是根本，文化是灵魂。创新文化的孕育与生成不仅需要宏观层面国家政策的引导和支持，还需要中观维度学校的制度保障和文化熏陶，以及微观视角下教师的理念认同和践行。

在深中，创新教育不仅仅局限于信息技术课堂或者一些特定的选修课和社团，我们鼓励教师根据不同学科特点和学生差异，采取适当方法将创新思维整合入现有的课程体系，融入日常学科教学，培养学生的批判性思维和解决问题能力。

所以说，创新是一颗种子，它可以在校园的各个角落生根发芽、开枝散叶；创新是一个理念，它可以体现在各个学科的课堂教学中；创新是一种文化，它可以融入学校活动的方方面面。我认为，办学特别需要好的文化氛围，拿"泡菜"来打个比方，"泡菜的味道决定于泡汤，泡菜水好，无论是白菜、萝卜、黄瓜，泡出的味道都好；否则，结果相反。"

五、打造一流师资：基础教育一定要引进最优秀的人

陈志文：一流的高中、拔尖创新人才的培养，都需要有一流的师资队伍，您担任深中校长后，在师资队伍建设方面做了哪些工作？

朱华伟：谈及基础教育的师资队伍建设，我喜欢引用著名教育家梅贻琦先生的一段话："学校犹水也，师生犹鱼也，其行动犹游泳也。大鱼前导，小鱼尾随，是从游也。从游既久，其濡染观摩之效自不求而至，不为而成"。

为实现办学目标储才蓄能，我极力倡导并积极践行"让最优秀的人教育下一代，培养出更优秀的人"。随着学校吸引力越来越大，我的目标是在任期内深中有100个北大、清华及世界顶尖大学的毕业生，以及100个博士生。目前，深中教师队伍中，博士教师80余人，北大、清华毕业的教师100余人，哈佛、牛津、剑桥等海外顶尖名校毕业的教师30余人，

教授、正高级教师、特级教师、竞赛金牌教练、名班主任 30 余人。通过近年来的不懈努力，学校已经形成了一支热爱教育事业、教学业绩突出、学术水平扎实、结构合理的老、中、青相结合的师资队伍，教师整体水平跻身国内高中第一方阵。另外，特别值得一提的是，深中的数理化奥赛教练队伍是国内顶尖的，足以完成中学阶段最高水平的竞赛任务，足以支撑学校更高水平的发展。

陈志文：您是怎么招聘到这些优秀人才的呢？

朱华伟：深中一直以来都非常重视教师的培养和引进，之所以能吸引一大批名校毕业生来校任教，主要是因为以下三点。

一是靠情怀。他们喜欢教育事业，喜欢来深圳、深中当老师。

二是靠平台。深中有深厚的历史积淀，有积极向上、敢为人先的校园文化，有卓越的办学成就，我们要创造世界一流的平台，干出世界一流的业绩，办成世界一流的高中，很多优秀人才愿与我们同行，在这里充分施展才华、实现自身价值。

三是靠关怀。我觉得最重要的是要尊敬老师、善待老师、关爱老师。我认为有两个着力点：一是提高教师物质待遇，二是保障教师价值实现。

一方面，用高薪和其他福利待遇吸引高水平人才投身基础教育事业，让最优秀的人教育下一代，培养出更优秀的人。目前中小学教师待遇偏低依然是不争的现实，我们应该鼓励博士等高学历人才投身基础教育事业，争取为他们提供更好的福利待遇，让每位教师都能不为物价和房价所困，让每位教师都能更加体面地教书，让教师"在岗位上有幸福感，在事业上有成就感，在社会上有荣誉感"。

深圳中学全心为老师们打造温馨和谐的工作、生活环境。我们为年轻教师提供宿舍，位于泥岗校区的广知楼，从改建、装修到入住，我去了不下 10 次。凡是来深中工作的老师，单身的都有一间 30 平米左右的房间，已婚的我们会跟政府相关部门申请人才房，让老师们一来了就有地方住。老师们时刻感觉被关怀、受尊重，工作起来心情也会不一样。

另一方面，在高端学术和一线教学之间搭建桥梁。只有一流的师资是不够的，还需要有适合一流师资发挥作用的软环境、软机制，因此，要打通高学历高水平教师的发展通道，才会吸引和留住更多的优秀人才。学校的任务是真正挖掘和释放每位教师的专业学术能量，让他们在三尺讲台一展所长，有所建树，成就感自然而来。

陈志文：您引进这么多名校博士、硕士当高中老师，是否"大材小用"？为何要招收这么多高层次人才？

朱华伟：学校之大，不在大楼之大，而在大师之大。我一直认为，要办好一所学校，首先要有一个好校长，然后要有一批好老师，教师对学生的一生有着重要的影响，越早遇到一位好老师，就越是人生的幸运。

一方面，世界一流大学的毕业生，往往拥有更广阔的格局和视野，以及更加丰富的学术资源，因此，更容易培养出世界一流的学生。例如，我们在 2018 年引进的清华大学博士刘莹，是美国国家科学院外籍院士颜宁教授的学生。除此之外，深中与 19 个世界著名企业、大学合作成立了创新体验中心和创新实验室，因此，需要引进一批具有较强科研能力的高层次人才，充分利用这些优质的平台和资源，指导学生进行科技活动，参加国际高端赛事，进而培养其创新意识和实践能力。

另一方面，越优秀的学生，越需要优秀的老师引领。深中拥有全国最优秀的学生。面对这样优秀的学生群体，我们有责任引进更多高层次人才来引领他们向更高的平台发展。所谓"名师出高徒"，如果老师自己不优秀，面对高徒，只能是束手无策、捉襟见肘。另外，"名师"和"高徒"很多时候也是相互成就的，深中优秀的老师培养了一批批优秀的学生，同时也正是这些优秀的学生让优秀的老师们获得了职业的成就感和幸福感。

陈志文：我相信，如果深中有 100 位清华北大的毕业生做老师，有 100 位博士做老师，这是基础教育之福。未来，我们希望能让最优秀的人到中小学去当老师，这非常重要。

朱华伟：是的，我在很多场合都呼吁，基础教育领域一定要引进最优秀的人，这样国家才有希望。有人曾质疑说，难道博士生教的就一定比本科生教的好吗？我说，这个事情要看怎么说，如果只单纯比较一节课教得好不好，那很难讲。但如果从学生的整体成长上来讲，博士经过严格的学术训练，有扎实的学科背景和较强的学术研究能力，会给予学生更多高端的学术引领以及思想熏陶。他们的视野和格局会引领学生，让学生早立大志，存大格局。深中的办学不只是纯粹为了高考，我们还要指导学生做科研，培养学生的创新精神和动手能力。

六、坚持学生为本：于细微之处为师生做好服务

陈志文：在深中担任校长的四年多里，您还为深中带来了哪些变化？

朱华伟：我19岁从教至今40载，河南到湖北、广东，中学到大学、教研院，如今再回到中学，一路伴随我"漂泊"的是一箱箱沉甸甸的书籍，两万多册藏书（8000余册原版英文书）是我珍贵的财富。任职深中后，深感深中图书馆优化的紧迫性——读书是学生一生的精神陪伴，图书馆是学生的知识宝库和精神殿堂；建设书香校园，就要建设一流的图书馆，让阅读成为习惯，让书香溢满校园。

经过四年多大家齐心协力的奋斗，深中确实有很大的变化。从宏观上看，校园的整体环境得到了很大的改善，可谓"旧貌换新颜"。2020年9月新校区的投入使用是深圳中学历史上，第一次在硬件设施方面实现如此大跨步的飞跃——新校区气势恢宏、气质典雅，具有世界名校的气度和风范。

我想说一下老校区的数字媒体中心，这应该是国内中学里条件最好的，学生们起的名字叫"ACES电台"，是深中多年传承下来的。之前，负责电台的学生们每一次来找我，我都会跟他们聊一聊。我发现他们做的东西既有批判性思维又充满了正能量，所以就非常支持，后来学校投资

400多万为学生们新建数字媒体中心。

陈志文：我发现您很在意一些关乎学生、教师切身感受的细节小事。

朱华伟：我觉得作为一所学校，首先得有一个好的学习和生活环境，因为学生和教师每天的学习、工作都很辛苦。比如，我们的食堂现在办得就很好，在大众点评上的评价是四星，老师们从早到晚都在学校忙工作，学生们也是长身体的时候，必须得把食堂办好。

陈志文：实际上，通过这些细节，以小见大反映出了学校的态度、风格以及作风。很多学校都提出说要"以学生为本"，但做到的不多。您虽然没提这个口号，但一直在这样做。

朱华伟：我常说，我在深中就是要为大家做好服务，和干部一起为教师做好服务，和教师一起为学生做好服务，我认为这是校长的基本职责。我们做的所有教育工作最终都是为了孩子能够更好地成长。

除了硬件改造，深中也非常注重校园文化建设，开展了许多校园文化活动。比如游园会、校园十大歌手比赛、校长杯足球赛、体育嘉年华等。"追求卓越，敢为人先"的深中精神已深深根植在师生心中。学校整体氛围积极向上、朝气蓬勃，师生都以学校为荣。

陈志文：校长就是为学生、为教师做好服务的。从这个角度讲，您认为一名中学校长需要具备什么样的能力？

朱华伟：作为一名中学校长，我认为第一是热爱。要热爱学生、热爱学校、热爱教育事业。在处理事情时，如果涉及家庭和学校，我肯定是把学校放在第一位；如果涉及个人和学校，肯定是把学校放在第一位。如果校长能长期这么做，可以引领一所学校的风气。

第二是包容，包容不同性格、不同教学风格的教师，包容不同个性、特长的学生，为不同喜好、不同潜质、不同兴趣的学生提供发展平台。

第三是协调能力。作为校长，对内要协调好学校方方面面的事务，同时还要处理好学校对外的关系，为学校创造一个良好的办学环境。

第四要先是个好老师。当好老师是做好校长的前提。不是好老师，就不可能做个好校长。校长的业务水平得到认可了，才能够引领其他教师成长和发展。

第五是做一个喜欢阅读的人，让阅读伴随一生，才能不断进步。

陈志文：如果让您给自己做一个阶段性总结，您觉得自己成功的地方是什么？您的优势什么？

朱华伟：成功不敢说。这些年来，虽然我的工作岗位在不停变化，但我一直在做教育，从微观的数学教学，到宏观的教育管理。对教育的无限热忱，可以算是我的一个优势。

我的第二个优势就是勤奋。在 42 岁以前，我很少在凌晨两点前睡觉，我把时间看得非常宝贵。家人对我也很支持，让我一心一意读书、学习、教书、写作。

第三个优势是我做事认真、用心，对什么事情都一丝不苟，全身心投入、心无旁骛。

最后还是要说到阅读。坚持阅读，而且是读各种各样的书，对我来说意义重大。我认为，作为校长一定要广泛阅读，要阅读大量有关政治、经济、文化、教育、历史等各个领域的书籍。国内著名大学校长、中学校长关于办学的书我都读过，比如刘彭芝校长的《人生为一大事来》，唐盛昌校长的《终生的准备与超越》，对我的影响很大。读书的过程就是向别人学习的过程。

另外，这些年来，在每个关键节点我都会遇到好人，都会有人帮助我，包括朋友、长辈、老师、领导。

陈志文：究其原因，还是您的为人处事，让他们非常欣赏和信任。第一是您有能力胜任这份工作；第二是您的人品可以信赖，这是根本原因。

您刚刚提到了刘彭芝校长，你觉得她在哪些方面影响了您？

朱华伟：刘校长是我十分尊敬的前辈，她对教育事业的热爱，对学校工作的全心投入非常值得钦佩。她把整合的资源全部用在了办学上，为学校、为教师、为学生服务。

如何把学校经营好？在这方面我也受到刘校长的影响，充分利用各方资源提升学校的硬件、软件环境，一切从小事做起。比如，深中泥岗校区的建设，改变了原来的设计方案，建筑面积从 12 万平方米增加到 17.5 万平方米，建筑预算从 6.8 亿元增加到 13.7 亿元，这是非常难的。

（深圳中学新校区）

七、高考改革政策：广东新高考方案相对温和

陈志文：人才培养的成功与否，与考试选拔制度息息相关。广东省新高考改革政策已落地，实行"3+1+2"模式。您怎么评价这种模式？您又怎么看待新高考改革？这对于深中的教学实践是否会带来挑战？

朱华伟：广东新高考方案总体来说属于温和型高考改革。一方面，与旧方案相比，无论是考试时间、考试要求还是考试模式有很多相似性，没有给普通高中增加太多负担；另一方面，新高考给考生的课程学习增加了一定的选择性，有利于学生个性发展，有利于学校特色发展。

新高考对于学生的综合素养要求较高，考试内容发生了一定的变化，无论是学生，还是教师，都要转变观念，调整学法和教法。所以，新高考对于引导中学尤其是普通高中人才培养，重构课堂教学生态都有积极意义。

对于新高考带来的挑战，我们也做了一些应对。自 2003 年以来，深中分别探索了全选课、对开排课、长短课、大小课、小班化教学、专业教室教学模式、分层教学、体系制、导师制、学分积点制、学业采用综合性评价等。这些改革丰富了学校教师对人才培养模式的认知，现在来看，其中的走班分层教学、导师制探索、学分积点制评价对于现在的新高考依然有很好的实践意义。

陈志文：在新高考下，深中的实践对于其他即将实行选课走班的中

学，有何借鉴？

朱华伟：我认为可以借鉴的有四点：

第一，学校应开设生涯规划课，对学生选课加强指导，选课走班对学校的学生管理提出了更高要求，否则教学效果不能凸显，选课分层教学不一定非要走班，相同情况下，行政班教学质量要高于走班教学质量；

第二，学分制是新课程标准中明确提出来的学业评价方式，学分制、积点制也是国际通用的课程学习评价方法，建议所有学校实施，学分反映课程学习能否达标，积点能够反映达标学生学习好坏；

第三，学业采用综合性评价非常有价值，综合性评价兼顾了学生的学习过程和最后的学习结果，让成长看得见一直是深中课程评价的指导思想；

第四，按需施教、按需选学是学校课程实施的理念，全面满足学生选科学习需求，不断改善学生学习环境，建议不要因为学校资源有限或排课有困难采用菜单式选科，这与新一轮课程改革的根本目标背道而驰。

陈志文：对于新高考背景下的生涯规划教育，您有什么看法和建议？

朱华伟：近年来，在新高考指挥棒效应下，学生发展指导与职业生涯教育成为高中教育新热点。多数高中学校对于如何开展生涯教育感到迷茫。当前，不少学校的生涯教育主要由心理教师来推动，采用开设一门课程的单一模式，着力点局限于学生兴趣爱好探索、如何选课选科、如何选择大学专业等方面，过于依赖测评工具，将生涯规划窄化为职业生涯规划。对此，依据深中的实践经验，我有以下建议。

第一，做好顶层设计，动员多元教育角色。高中阶段生涯规划教育的重点，在于引导学生探索一个能提升自我肯定水平和达成自我实现的生涯目标，引领其生涯发展方向，促使其学会规划具体的行动方案，以帮助其逐步达成理想生涯目标。要实现这一目标，就需要学校对生涯教育进行顶层设计，让身处这个教育系统中的每一个教育者基于自身的岗位职责，从生涯规划的角度为学生的发展提供支持。

第二，做好家校合力，重视家庭教育影响。父母角色榜样是年轻一代职业选择的重要途径。在幼年时，父母给孩子提供玩具、培养孩子的兴趣爱好、鼓励孩子参与活动以及家庭生活经历等，都是父母影响孩子将来兴趣与职业活动的方式。

因此，在开展生涯教育时，学校可以成为协调者，让父母以职场专业人士的角色，通过一起合作的方式，面向学生群体进行分享，更容易做到客观、专业及全面，青少年也容易放下对父母的防御心态，更能接受分享者的信息及经验。

第三，做好深度合作，整合校内外优质资源。在高中阶段生涯教育中，职业生涯规划是一大重点。学校应积极整合各方资源，通过大学游学、企业参访等活动的开展，提升学生对大学、专业和职业的认知，并把自己的兴趣爱好转化为内在的学习动力。

（深中生涯规划主题活动之百名家长职业故事进校园）

总而言之，新中国成立 70 余年来，国家在经济、社会、文化等方方面面已发生了翻天覆地的变化。加上科技发展一日千里，世界格局深刻演变，具有中国特色社会主义教育应该怎么办？如何立足中国大地，培养具有国际视野和国际竞争力的拔尖创新人才？这些都是当下中国教育者必须回答的时代命题。

我很幸运，个人伴随着新中国发展而成长，虽然岗位几经变化，但始终没有离开教书育人这个主阵地。4 年多来，得以在深圳、在深中这样的平台上，为拔尖创新人才的培养出一份力、发一点光，并取得一些成绩，这是我个人的荣耀所在，也是使命与担当所在。

2019 年 8 月，中共中央、国务院发布《关于支持深圳建设中国特色社会主义先行示范区的意见》，在深圳建市 40 年之际，吹响了这座先锋城市新一轮改革创新发展的号角。作为以这座城市命名的著名中学，深中责无旁贷，必须为深圳基础教育构筑更高的标高，为中国拔尖创新人才培养闯出一条先行示范的新路！我本人愿意为此竭尽全力，发光发热，不负国家与时代！

>>> 赵国弟

　　赵国弟，汉族，上海市人，物理系本科，教育管理硕士，正高级教师，上海市特级校长。现任上海市建平中学校长、建平教育集团理事长，上海市第十五届人大代表。曾任祝桥高级中学、周浦高级中学校长，洋泾高级中学党总支书记，华东师范大学附属东昌中学、进才中学校长等职务。

赵国弟: 教育不是为了管住学生, 要关注人的成长

一、相信每一位老师, 做教育要关心到每一个人

陈志文: 您从事基础教育已有近 40 年, 1984 年大学毕业后, 您就到中学任教了, 经历过多所中学。您觉得, 这几十年来基础教育最大的变化是什么?

赵国弟: 我对基础教育教师队伍的变化印象深刻。这几十年来, 教师的专业化程度有了很大变化。我刚毕业参加工作时, 是我们学校所有物理老师中的第一个本科生。另外, 有些老师是当初来插队的知青和本地抽调上来的知识青年, 老师们往往学科专业化程度不够, 还面临很多现实问题, 比如, 他们除了教学还要务农。

记得我三十几岁刚做校长时, 对很多事情不了解。在管理老师考勤的时候, 就出现了问题。我们学校有一位男老师, 是班主任, 教学也不错, 但是每天很早就回家, 考勤分数总是很低, 我觉得有问题。我去他家一看, 两个孩子都有残疾, 妻子身体也不好, 家里还有几亩地。这件事让我印象深刻。

我意识到, 做教育要关心到每一个人, 如果我没有关心到每一位老师, 那怎么能让老师关心到每一位学生呢? 我后来调整了考勤管理规则,

大家了解到这件事情后，都觉得应该互相帮助。

陈志文：这就需要人性化、区别化管理，用信任进行管理，替老师们考虑，帮他们解决后顾之忧，他们就会将全部精力投入到学校和学生身上。

赵国弟：是的，我们那所乡村学校也培养出了许多优秀的学生。我在学校的干部会上也常讲，学校有很多考核教师的指标，但是要叮嘱大家不要太在意这些指标，用这些考核指标去评价老师更要谨慎。因为这些指标有时会与培养学生发生冲突。

让考核指标服从于学生的成长。这是我在教育中最重要的一个观点。我们需要这些指标，但是不能唯这些指标。教育最重要的不是要管住一个人，而是在关心中激发一个人，这样的理解指标，教师会去关注学生成长，也会促进学生对他人的关心。

陈志文：您在管理中很"通人性"。换句话说，管理中有80%需要按照指标，还有20%是需要灵活处理的。

赵国弟：是的。我在华东师范大学东昌中学时提出的学生观是，相信每一位学生都有学好的愿望和能力。教师观也是一样的，相信每一位老师都有把教学做好的愿望和努力。

与过去相比，今天的教师专业程度更高了，老师们可以专心教学，基本上没有生活上的后顾之忧。在这样的氛围中，如果老师不想把教育搞好，那症结应该在管理方式或校长身上，是老师对于学校管理或校长的不认可。

陈志文：近期，一些中学高薪聘请诸如清华、北大等知名高校的毕业生到学校担任教师。对此，您怎么看？

赵国弟：我们学校也招聘了来自清华、北大、复旦等知名高校的毕业生。我觉得要从不同的层面来看待这个问题。不同的学校有不同的师资需求。过去我在其他中学并不追求名校的毕业生做教师，但今天在建平中学还是强调要招聘名校毕业生，当然不排斥其他学校的优秀毕业生。主要有两个原因：第一，建平中学的学生本身素养非常高；第二，今天对于孩子的培养不再是单学科的，而是尽可能要进行跨学科培养。

其实，我们不是要招名牌大学的毕业生，而是要招综合能力强的人，初衷是培养优秀的学生需要更优秀的人。

陈志文：这是社会文明进步的标志，也是国家进步的标志。我们现在需要的不只是表面的学科交叉，而是需要更优秀、水平更高、视野更开阔的人来培养今天的孩子，把这些孩子培养得更好。

赵国弟：是的。

二、管理首先要做好自己，一名校长的"术"与"道"

陈志文：从您的角度看，一名校长应该具备哪些能力？

赵国弟：我觉得应该包含两个方面。一方面是"术"，比如，教学能力、管理能力、学科专业水平等。做一个好校长首先要做一个好老师，要具备很好的教学能力，否则难以服众，其他诸如学校管理等都可以慢慢学。

陈志文：总体来讲是业务能力。

赵国弟：没错。另一方面是"道"，归纳为两点就是气度和公心，为人处世要有一定的气度。当然，这两个方面也是连在一起的，公心第一的人往往心胸气度也大。

陈志文：简单来讲就是做人。不同的人有不同的管理方式，比如，任正非、柳传志的管理方式各不相同，没有绝对的好坏高低。而管理方式则是和他们的做人直接关联的，管理水平高的人，做人也一定不会差。我特别能理解您刚才讲到的，一个好领导要有心胸有气度，要先想着大家，把自己放到最后，核心是帮大家去解决问题。

赵国弟：我在学校干部的会上经常讲，如果学校办好了，哪怕看上去校长做的事不多，大家也会说，这是个好校长，社会也会对他有好的口碑。所以我告诉大家：在确定的目标和任务下，如何做事，做了哪些事，做得有多辛苦等不用汇报，我有自己的判断，但工作中遇到困难或疑问可到我这里交流，我们一起突破。

陈志文：我能理解您所说的。就您个人来讲，我认为大家对您是信服的。您不是天天盯着考核大家做了什么，而是给大家树个榜样，尽心尽力做好自己的事，尽量去解决大家的后顾之忧，让每个人都能把事情做好。对于一些不符合规定的，您采取人性化处理或者站在别人的角度去思考，然后再做出一些调整。如同您之前讲到的，一个校长除了要有业务能力外，再有就是做人。

赵国弟：是的。我们有时也会纠正教师的一些偏差。了解我的老师都认为：我平时做事对人要求比较高、也有点严肃，做事需要在规则内、在确定的价值取向内，但是与我是可以交往的，遇到非原则事也会灵活处理的。

陈志文：当然，如果不纠正，对那些守规矩的老师来说就是一种不公平。我总说，一个优秀的管理者要定方向，搭班子，当后勤部长。

赵国弟：对。在采访之前，我正在和一个青年教师交流，她担心做不好班主任，不知道怎么去管理。我告诉她首先要管理好自己，自己管好了，班集体也就管好了。虽然讲得比较粗，但是聚焦起来就是定好方向，自己做好，然后做好学生的教育、服务与指导。

陈志文：您特别欣赏和尊敬的校长有哪些？

赵国弟：第一位是上岗的第一所学校的董校长，今年他已经80多岁了。董校长是上海市区人，20世纪50年代初支援农村建设，先是被分配到祝桥，之后又调到了东海，干了十几年，最后又回到祝桥中学做教师，1985年起在祝桥中学担任了近13年校长。他在农村学校兢兢业业工作了几十年，将严谨治学之风从市区带到农村，将自己毕生精力献给了农村教育事业，无怨无悔。

作为一所极其普通的学校，祝桥中学能走出一批优秀教师和学校管理干部，让普通得不能再普通的孩子取得良好成绩，拥有浓厚的学习氛围，我认为这得益于董校长几十年无私奉献，以及兢兢业业、一身正气的工作态度和所营造的氛围。我非常敬佩董校长。

陈志文：董校长让学校形成了一种独特的学习氛围和文化传统。

赵国弟：是的，我刚到祝桥中学的时候，学校的文化还不是这样的，是董校长担任校长的几年之后才逐步形成的。

还有曹杨二中的王志刚校长，也是我的导师，学的是物理。我非常欣赏他系统性的思维方式，他不是就事论事，而是把事情的前因后果全部摸排清楚后，才会系统考虑如何去处理。我对一些事情的处理方式也受到了他一定的影响。

还有是张志敏校长，我们一起做过校长培训，他是主持人，我是副主持人，与其说我是副主持人，但我更觉得是"学员"。张校长是学语文的，我们在一起的几年时间，我跟他学习了很多。张校长在事业上认真思考和踏实研究的工作态度以及以身作则的工作作风都让我印象深刻。他为人很低调，对自己的要求非常高，倾心付出而不求回报。这也许是他看上去特别年轻的原因吧。

当然，上海还有许多杰出的校长，我都与他们有较多的接触，并在交流中向他们学习，如仇忠海、刘京海等校长，他们都是我特别欣赏和尊敬的校长。

三、我是奔着做教育来的，尽最大努力、贡献智慧就可以了

陈志文：如果给您自己做一个总结，在工作中，您觉得自己的特点是什么？

赵国弟：在做人做事上，我会首先站在他人的角度去思考问题。

陈志文：就是我们讲的"同理心"。

赵国弟：是的，我比较注重平等。如果一位年轻老师来找我，谈工作，我们会坐在办公桌前，请教问题或者寻求指导，我们一定会坐在沙发上。

陈志文：我觉得，这个特点应该与您从小的家庭经历和工作经历有关。您在不同学校担任过不同角色，所以您对很多事情的认知会有不同的角度。如果您一直在建平中学从教，那么您的感受一定会不一样。

赵国弟：没错，每到一所学校都是我一个人去，通过自己对这个学校分析与把握，在继承中提出学校发展思路，去扎实推进学校治理。我觉得，对我挑战最大，也促我成熟最快的，是在周浦高级中学。

当时我37岁，抱着如果做不好就回去继续教学的心态，孤身一人去赴任的。教育局领导想给我调两个助手，我没有同意。

陈志文：意味着您将一个人面对所有问题。

赵国弟：是的，非常复杂。有很多领导问过我，赵校长，你压力大吗？我说，不存在的。

我从没想通过学校获得什么，比如荣誉、晋升等，我是这所学校毕业的，只是想把她做得好一点。我是奔着做教育来的，每天尽自己最大的努力，贡献自己的智慧就可以了。至于取得了什么样的成绩，那就让别人去评价吧。

陈志文：您是坚信无欲则刚，尽自己最大努力把事做好，没想过自己要得到什么，所以没有任何压力。

赵国弟：对，这可能是我工作上的一个特点。

陈志文：这让我想起了人大附中的刘彭芝校长。我认为她有两个特点，一是资源整合能力强，二是无欲则刚。

赵国弟：是的。我一般来说，不太会去想多要什么资源，给我多少资源，就用这些资源把学校办好。过去在农村学校，为了解决资源紧缺问题，办厂筹经费，与市区的学校联系申请支教老师，解决了人员不足问题。在祝桥中学时，我做了两件事，一是拓展校办企业；二是办综合高中，增加了中专班，从浦西引入中专的教师资源。后来调我去周浦中学，也是用做好校办企业的方法解决经费资源不足的问题。

陈志文：您其实非常清楚，做领导最重要的就是要解决资源问题，在规则允许的范围内利用现有资源，最大限度地解决问题。

赵国弟：对，只要有相关的政策环境，实际上校长们可以自己去解决一些问题。

陈志文：我觉得您身上具有一种上海特有的气质。上海是中国最讲规范的地方，市场经济最发达，人们会充分利用规则，但是不会将心思用在违反规则上。

赵国弟：没错，违反规则的事情我不会去做。我在农村学校的时候，很多孩子家庭非常艰苦，尽管有的学校依"靠山吃山靠水吃水"之理违规收费，但我是严格禁止向学生收取任何违规费用的，这是我的底线。

四、不可磨灭的时代印记，三代人不一样的教育经历

陈志文：1980年，您考上了上海师范学院，还记得您考上大学那一刻吗？您得知自己被录取的那一刻，在做什么？

赵国弟：我家在农村，那时候考不上大学是正常的。所以高考结束后第三天我就出去干活了，在一个砖瓦厂搬砖，先把砖搬上船，再挨家挨户去送。我一个假期都在做这个，晒得黑黑的，掉到河里好几次，蛮有意思的，通知书来的时候也没有很激动。

考上大学的消息，是班主任打电话来通知到村里的（那时只有村委才有电话），那天我不在家，在船上搬砖。两三天后，堂哥说，前两天村里接到学校电话，让我去拿录取通知书。但我当时也没去拿，因为还要出第二船。回来后，我才去找班主任拿通知书，他问，你怎么才来拿，别人早

就拿走了。我说，正好干点儿活，挣点儿钱去上学。

陈志文：您在大学读的是物理，当时为什么会选择物理专业？

赵国弟：在读初中时，时不时下田地干活，后来，在初中老师的介绍下，在一个上海某学院中跟着一个胡老师学舞台美术，每个月去几天。这对我的影响很大，舞台美术涉及了很多学科，比如设计、物理学、美术、木工、电工、油漆工等。我本来想一直跟着他学，正赶上 1977 年恢复高考，胡老师跟我说要回去好好读书备考，将来才能参加大学统考而进入大学学习。

之后，我就开始全身心投入了学习备考，通过不到一年的复习时间，考上了一所重点中学理科班，读了理科，后来高考时考到了上海师范学院物理系。其实，中学时我的化学还是非常好的，班主任让我报化学和医学，我没同意，还是喜欢物理。

陈志文：您觉得学物理对您有哪些影响？

赵国弟：物理学科有一个很大的特点，当遇到某个客观事物时，必须要思考得非常全面和清楚，才可以通过概念用模型或者算式表达出来。所以物理对我的影响是在处理事情时思维严谨。我的大学老师曾经给过我一个评价，他说：你要想做每一件事时，一定要想得非常明白，想通了，你才会去做且能做好。

陈志文：和我的观点一样，我认为学物理的人，体系性非常好，要把整体都思考清楚了才会去说和做。

陈志文：您的孩子是哪年上的大学？她上大学时和您上大学时相比较，您觉得有什么不同？

赵国弟：我孩子是 2005 年上的大学。我对她也没有很特别的要求，从考高中到上大学，我没有一点儿担忧，很轻松。有一次她跟我讲，老爸你当时要管我紧一点就好了。我说，管你紧一点，今天会好到哪里呢，难道你还会有那么多的时间学习自己喜欢的东西吗？我是管得比较松的，所以她的爱好也广泛，包括艺术、运动，特别是文学书等，尽管没有在那些方面发展，但基础宽泛、生活也丰富，她最终读的还是理科。

我们两代人间最主要的不同，我认为：我们这代人自立得比较早，自己要求上进，改变现状的决心比较大，而我孩子这代中，也许在这一点上比较弱。

陈志文：您女儿这一辈人在读书的过程中，一定遇到过减负的问题。到现在，我们也还是在谈减负。您如何看待减负？

赵国弟：首先我们要理解"减负"这个词的社会意义与教育意义。我认为小学生、初中生确实可以减去许多不必要的学业负担，让孩子拓展自己的兴趣，这实际上是社会发展与教育规律的共同需要。对于高中生来说，不是简单说"减负"，让学生觉得"少作业、少学习"是合理的，而是要强化学生对学习意义的理解，主动地去多学，因为这个年龄能主动学、会学习太重要了。如果孩子在高中阶段"三观"逐步形成，主体意识也逐步成熟，这时没有在一定的负担下成长，那么将来也难以负担起社会的责任。在一定的负担下，孩子的抗压能力、心理承受能力也会增强。所以，让高中生理解学习意义、增加学习负担与增强责任感，这是具有发展意义的教育行为。

陈志文：我常讲，全世界最优秀的人的绝对压力都是很重的。无论在哪种教育制度、教育理念、或招生制度下都是一样的。

赵国弟：没错。我经常和老师们讲，我们要做的是让负担有意义。如果一个学生回去学习觉得没意义，那么对这个学生来说这就是负担。因此，学生的"减负"问题是解决让学习对学生有意义的问题，减去无意义的学习任务，但同时还要不断地提高学生学习的承载力。

陈志文：我们要减掉的是无效的负担。

赵国弟：对。从这个意义上讲，我们应该实行分层教学，针对不同的学生采用不同的教学方式，从而实现减负。从学生的目标性来讲，如果学生对未来的人生价值有清晰的目标，并为了实现这个目标不断地努力和付出，这对他来说就不是负担，所以，我们应该加强学生发展指导。

陈志文：负担，首先是心理感受。自己喜欢的事做多久都不是负担，不喜欢的事做几分钟都是负担。所以，减负首先要解决学生学习动力的问题，这是根本。

赵国弟：对，启动学生内在的动机。这包含了两个方面，一是让学习对学生自身成长有帮助、有意义，二是让学习对学生未来人生价值的实现有帮助、有意义。

陈志文：另外，还有一个问题就是，减负可以降低整体的要求，但不应该封顶。如之前提到的，要成为国家的栋梁必然要承担更多的压力。

赵国弟：是的，应该让学有余力的孩子向上发展，如开展大学先修课的学习等。

陈志文：您和您女儿两代人的教育经历中，蕴含着不同的时代印记。那么，父辈给您留下的印象是怎样的？

赵国弟：我的父母出生在 20 世纪 30 年代初，他们都比较要强。我的父亲只读过两年小学，但是字写得还是很不错的。我的母亲没读过书，不认识一个字，但是她也有文化，待人接物都非常讲究礼节。

陈志文：非常有规矩，有教养。

五、如果评价问题不解决，基础教育的发展会越来越艰难

陈志文：从教育的角度来看新中国成立 70 周年，您觉得有什么成绩？

赵国弟：对于新中国成立初期的教育，我没有经历过，了解得不全面。就恢复高考后、改革开放 40 年以来，教育对推动我国生产力发展起到了极大的作用。

陈志文：教育为国家的发展提供了最基础的人才支持。

赵国弟：对，这是其中一个方面。另一方面，恢复高考让人们对国家

的信任度提高了，创造了一种通过自身努力可以实现人生目标的社会环境，不仅培养了一批批社会主义建设人才，而且让人们产生了一种自信，包括这种全民自信所产生的精神力量。

陈志文： 从某种方面来说，恢复高考是中国教育公平公正的起点。

赵国弟： 是的。

陈志文： 您是从农村基层中学走出来的，对农村基层中学的感情非常深厚。您觉得，这些经历给您带来了些什么，是否会让您对中国基础教育的认知有所不同，影响您的教育理念？

赵国弟： 我对学生和教师的评价标准可能跟别人不一样。大部分人认为好学生的评判标准就是成绩好，好的教育评判标准就是把学生送进大学，但是我不这样认为。我经常说，把一个因行为道德偏差而可能走上歧路的学生教育好，让他可以自食其力，这也是好的教育，与送一个学生去上大学没有区别。

陈志文： 您说出这些话，给人的感受是不一样的，您有切身感受。

赵国弟： 是的，这是我的切身感受。通过经历几所不同的学校，我看问题的角度，对师生的评判，以及教育的视角都不一样了。

陈志文： 丰富的基层经验让您对教育具有了一种非常朴素的情感和认知。真正的好教育，不是能不能上大学，或者能不能上好大学，而是关注一个人的成长过程，能够自食其力，也是一种非常伟大、非常难得的成长。从某种程度上讲，这比成绩好坏更重要。

赵国弟： 我觉得，现在社会上有些舆论导向不太恰当。我们一直强调"三百六十行，行行出状元"，只有这样去行动，才能让我们国家出现一批批大国工匠，但实际上，在就业分配、社会导向、舆论宣传上做得都还不够。

陈志文： 从您的角度看，基础教育现在面临的最大挑战是什么？

赵国弟： 我觉得，最大的挑战还是对学校的评价，政府层面还是要加强力度，进行引导。

我们的评价体系存在着很深层次的矛盾。教育本身要面对各种各样的人，针对每个人的特点，要采用各种各样的教育方法。但是，目前，我们是在按照统一的标准去做。如果评价问题不解决，基础教育的发展会越来越艰难。

陈志文：这个问题确实很难解决。我有一个观点，我们有很多教育问题追根溯源实际上是社会问题，不只是制度，还有文化、观念等。大家往往能容忍其他问题，甚至视而不见，但反映在教育上就不能容忍和接受了，导致最后教育会背负强大的压力。

赵国弟：我认为这不能仅靠政府解决，也要在社会导向、舆论宣传、就业分配等方面下功夫。现在，有一些人认为教育不专业，经常指手画脚，而真正的教育工作者又不敢说自己很专业，这样下去，教育被干扰的就会越来越大。所以，教育应该借助其他力量来证明我们所做的是对的，是有价值的。

陈志文：我们现在最好的小学，最好的中学逐步变成了民办或者私立，对于这种教育上的国退民进现象您怎么看？

赵国弟：对于举办民办小学、民办初中，初衷也许是好的，但现实对教育生态产生了一些不良影响。原因有几个方面：

首先，在义务教育阶段，特别是年龄比较小的孩子，我认为没有必要把他们放到了为了升学而拼命跑的道路上。教育本身是一个生态，学校里有各种各样的学生，才是正常的生态。

其次，现在义务教育阶段民办学校的发展轨道和公办学校是一样的，我不太赞同。我觉得，民办教育应该是公办教育的补充，比如完善我们的特殊教育等。而现在民办学校拼命吸引好教师和好学生，提供另一条升学的赛道。从某种角度看，民办学校是一些名校为了垄断优秀生源而形成的。但是，如果仔细看，民办学校的办学能力，诸如师资、管理、理念等实际上不一定比公办学校强，有的甚至对学生的政治品德、价值观的引导存在片面性。当然，一些农民工子弟的民办学校出现，实际上是地方政府对教育责任的缺位。

陈志文：核心问题是，很多民办学校想尽各种办法招收好生源，使得学校的社会评价很高。但这并不等于学校的办学能力真的高，主要是生源本身带来的。我觉得现在"公民同招"的规定，从理念上或许还不完善，但实际上是一种公平竞争。

对于未来的中国教育，您有哪些建议？

赵国弟：我也思考过这个问题。对未来教育的建议，我觉得可以从以下三个方面来考虑。

首先，我觉得，政府未来应该规范教育的目标和方向，以及教育的原则和底线，配置公平的资源，包括政策，但是对于实现路径的管控可以放松一些，减少一些对学校和老师的评比以及教育中的经验推广，鼓励在遵循教育原则下多样化地实现教育目标的路径探索。这样可以发挥基层学校和老师的创造性，才有利于创新人才培养，形成教育的多元化格局。

其次，一定要推动云教育的发展。对于一些知识性内容和程序性技能，未来是可以让学生通过互联网进行学习的。这样大量的时间就会变成学生自己要学，学生可以选择自己喜欢的方式去学习更多内容。在这一过程中，政府需要解决资源整合的问题。

最后，要强调实践场。分为两个部分：一是学生的综合能力或跨学科研究能力的培养；二是道德的培养。德智体美劳五育并举，教育培养的方式需要一个真实情境的实践，才能真正将"五育"融会，形成学生的能力与智慧，这需要政府倡导支持，全社会和学校共同努力。

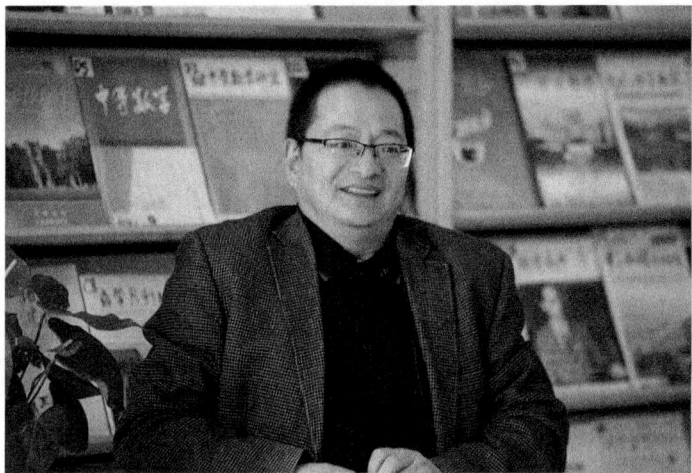

>>> 葛军

葛军，1964年10月生，江苏省南通市如东县人，现任南京师范大学附属中学校长，南京师范大学兼职教授、硕士生导师，新课标高中数学（苏教版）教材编写组核心成员、副主编，中国数学奥林匹克高级教练。曾任南京师范大学附属实验学校校长，南京师范大学教师教育学院副院长。

葛军：我的梦想，是促进学生发展

一、南师附中的"大智慧"：嚼得菜根，做得大事

陈志文：在您眼中南京师范大学附属中学是一所什么样的学校？

葛　军：我认为可以从几个方面来说。首先，南师附中对教育教学的投入比较大，让学生得到充分提高，这是学校的本然动力。其次，南师附中平等研究的氛围比较浓厚，教师之间经常对一些教学问题进行探讨。另外，南师附中一直保持着善于学习和实验的风气，教师们都善于且注重学习，而且是自发的。在南师附中，大家共同的目标就是全面塑造孩子，让孩子们全面发展。

陈志文：我看到学校门口有"嚼得菜根"四个字。

葛　军："嚼得菜根，做得大事"是我们的校训，由两江师范学堂时期的校长李瑞清先生提出。我认为其中包含三层含义，第一要吃得苦中苦；第二对事情要追根溯源，也就是要善于质疑；第三对问题要反复思考，最大限度地接近事物本质。

陈志文：光吃苦还不够。

葛　军：没错，苦尽甘来，这背后是对事情态度的一种引领。我们学校校训的含义深远，蕴含大智慧。

陈志文：您在治校过程中，如何落实"嚼得菜根，做得大事"？

葛　军：首先，在意志训练方面，我们每年都会组织 11 公里、31 公里步行者等活动。其次，在接触社会方面，我们会利用节假日组织学生深入社会各个方面，让学生理解社会，如志愿者活动、社会实践类活动等。既要求学生会从多个角度认识、理解一些具体问题，也要求学生多尝试，追寻问题的根，即学会探究。

陈志文：没错。

葛　军：尝试探究是我们构建学校课程体系的基本主线。

陈志文："嚼得菜根"最浅层的含义就是吃得苦中苦，劳动很重要的一个层面，也是吃苦。但是这与一些教育家强调的快乐、幸福，甚至没有负担的说法存在着一些矛盾，您对此怎么看？

葛　军："快乐"和"幸福"是从某一阶段所产生的结果表现看的。若系统考虑其过程与结果，"快乐"和"吃苦"在严格意义上是等价的。人怎样感受到快乐的呢？当他通过一系列努力或艰难探究，忽然发现自己取得了一些收获，就会感到喜悦，这是真正的快乐。

陈志文：我们应该追求的是这种快乐，而不是追求绝对的快乐。

葛　军：没错，天天玩游戏，蹦蹦跳跳、嘻嘻哈哈这不叫快乐。我理解，快乐和幸福不是天上掉下来的，也不是与生俱来的。它一定伴随着一个人的努力和对某一事物的探究程度，而后获得了一些感知，感觉得到了属于自己的东西，这样内心就会感到愉悦，用一个词来表达就是"快乐"或者"幸福"。

陈志文：与其他著名中学相比，您觉得南师附中的特点是什么？

葛　军：不同类型的学校有不同的特点。综合实力最顶尖的学校有共同特点：第一，强调以学生为中心，把学生的成长作为教学的起点和终点；第二，强调使孩子的个性特长得以充分发挥；第三，尊重孩子，坚信每个孩子都是卓越的。当然，因学校所在地教育政策不同，必然存在操作方式上的差异。

就南师附中来说，首先，我们多年来坚守尊重孩子个性，鼓励孩子根据自己的个性特长去发展；其次，强调孩子要学会选择，通过优化选择不断调整自己前进的方向。

陈志文：为什么要强调孩子应该学会选择？

葛　军：因为孩子在不同的维度都会有不同的选择。比如，对于具体学科内容的学习，一定会有多种途径，哪种途径更适合自己，需要学生自己去选择和调整，最优化的选择是指适合自己更好发展的选择。

陈志文：从另一个维度来看，人的一生就是不停选择、不断学习的过程。所以学会选择是非常有必要的。

葛　军：这是至关重要的，人在学习的过程中永远伴随着选择。

二、数学的"价值"，不是简单地加减乘除

陈志文：您当年读大学时选择数学的原因是什么，是偶然还是特别喜欢数学？

葛　军：我大学时选择读数学专业可以说是一个偶然。高中时，我对生物工程非常感兴趣，原本要报考生物工程专业，但高考生物未考好，高考志愿就改为了南京师范大学数学系。我对数学有些兴趣，但不算强。回头看，这是我的一个机遇。

陈志文：中美贸易战，美国打压华为时，任正非曾多次讲到数学的重要性。科技部日前也出台了加强数学研究的文件。您怎么看待数学学科在国家发展中的作用或者价值？

葛　军：所有现代科技的进步，如果追根溯源，我们会发现其中都存在着数学基础。数学不是简单地加减乘除，数学更多的是对感知和非感知空间、甚至更庞大范围的逻辑结构化。

陈志文：所以，数学属于科学领域。

葛　军：换句话讲，数学可以把一个庞大的体系通过定理推演出来，

其推演的结果可以有广泛的应用。所以，任正非强调数学非常重要。比如，5G 快速接收和等待传输的过程就需要基本的推演，其本质是数学定理的运用。

陈志文：如果我们没有较高的数学水平或者高水平的数学研究作为基础，那其他科技领域就很难有真正的突破或者非常高的成就。从这点来说，是不分国别、不分领域的，数学是基础中的基础。我经常告诉那些不知道该报考什么专业的孩子，如果想不清楚可以先学数学。因为数学是基础，未来可调整的方向会非常广，将来读研时无论是转理工，或是金融、管理，甚至是文科，都是可以的。

您当过奥赛教练，您怎么看待或评价奥数？

葛　军：从培养人的角度看，为什么奥数和其他学科奥赛在国际上会受到那么多孩子的追求，每个国家都那么重视？其实原因很简单，因为奥数是一个指标。一是能反映一个国家基础教育水平的高度；二是可以证明某个国家是否在意优秀孩子的培养，如果重视了这批孩子的培养，那么这个国家对于整体基础教育肯定也比较重视；三是为优秀的孩子提供了一个加速成长的渠道。但是，我认为奥数只适合少数人学，尤其是对数学有强烈兴趣的人。对于奥赛，我还是比较支持的。

陈志文：您如何看待"打倒万恶的奥数"这句话？目前在中国，奥数有种被妖魔化的感觉。

葛　军：就目前来说，奥数本身是一个人才培养的通道，是相对健康的。我认为可以把奥数分为两类，一类是社会上的奥数，一类是因材施教的奥数。奥数被妖魔化其实是一种片面的理解，将社会上的奥数和因材施教的奥数混为一谈了，社会上的奥数本身就受制于区域的教育政策、教育环境等。

陈志文：我认为奥数本无罪，有罪的是异化奥数的东西。

葛　军：奥数只是培养孩子成才的另一个通道，或者是评价孩子在某个阶段的学业水平。但是很多人把奥数同优质教育资源的获得联系到了一起。

陈志文：实际上，这是将优质教育资源的供需矛盾或者冲突聚焦在了奥数上。

葛 军：对。这还涉及到一个问题，就是如何客观评价学校。如果一所学校把基础相对薄弱的孩子培养得非常优秀，那我认为这所学校的办学成就远大于那些拥有优秀生源的学校，这样的学校我认为是一所优质的学校，这样的校长我认为是最优秀的校长。

陈志文：评价学校的核心是学校的培养能力，而不是简单地看最终结果。

葛 军：从竞赛的角度讲，我们认为好孩子不是培养出来的，而是引导出来的。

陈志文：您觉得什么样的孩子不适合学数学，或者可以不用考虑学数学？

葛 军：这个问题我也在考虑。我认为没有适合或者不适合，关键是如何培养、如何学习。

人的思维可以分为形象性思维和抽象性思维，其中抽象性思维可以通过一些理科类课程进行训练，尤其是数学，但怎样训练值得探讨。我们应该认识到，之前走了一些弯路，有些实践还比较浅显，没有真正注重孩子逻辑思维培养的过程，这会导致学生们觉得学数学就是单纯为了解题。

让学生了解一些数学史，了解数学中一些有趣的故事，了解一些浅显的、基本的数学思想方法，这可以帮助学生加强对数学的理解，提高他们的数学素养。

有些学生可能认为，学不好数学是与生俱来的缺陷，在我看来这其实是一种心理暗示。如何加强这类孩子的理性思维培养？我认为首先要强调质疑，能够提出问题，然后要强调辩理，也就是将别人不同的观点、做法放在一起进行评析、加以解剖，看看哪个观点、做法更加合理。

陈志文：您觉得数学学科对您最大的影响是什么？或者给您带来的最

大价值是什么？

葛　军：数学对我的影响是多方面的。首先是思考问题的逻辑性。其次是对信息的筛选，可以快速筛除一些不必要的信息。比如一篇上万字的文章，通过浏览标题和结论之后，思考其逻辑生成，我就可以用几句话归纳出文章的大概要义。

陈志文：这其实是一种基本的科学素养，现在很多人都比较欠缺，比如网上有些文章的观点和依据是没有任何逻辑关系的。

葛　军：我们从小学到初中再到高中，对逻辑知识的培养一直没有重视起来。通过社会实践或思考来培养孩子的逻辑思维是一种途径。但更为重要的是从小学乃至幼儿园开始，让孩子接受逻辑化的思考方式。

陈志文：在您看来，我们的孩子从小接受了更多的文学性的培养，而缺少了逻辑性的培养，所以您倡导全科阅读。

葛　军：没错，我的要求是每个学科都要进行拓展阅读，简称为"全学科阅读"。对于高中教育来说，"全学科阅读"可以促进学生对各个学科教材的学习，有利于掌握各个学科的思维方法，促使各学科知识与方法的更进一步融通。

我们学校的全科阅读分为几个大类，如人文类、科技类、工具类、语言类、艺术类、体育类等。我们会对学生的阅读进行评估，目的是促进他们多学科阅读下融通化理解单一学科的知识、方法及其应用。

陈志文：我非常赞同您的做法。从我的角度看，我们的中学生太欠缺逻辑性了，我们的语文教学过度强调文学性。以 SAT 为例，除了数学部分，阅读部分大多是考察学生的学习能力，写作部分则是考察学生的逻辑能力。

葛　军：我们开展的全科阅读还有一个基本出发点，就是不希望孩子反复刷题，而是通过阅读一些各学科领域大师名家的著作开拓视野，这是非常有意义的。

三、"数学帝"谈高考，命题要平稳

陈志文：从数学命题的角度看，您似乎成了一个标签，试题难度提高就会想到您是命题人，认为您是最能出数学难题的人，网络上称呼您为"数学帝"，对此您怎么看？

葛　军：我认为试题难易程度的变化原因是多方面的，有主观的，也有客观的。按常理来讲，考试是一个科学评价工具，不能因政策调整而出现太大的起伏。

陈志文：当时江苏的高考改革还处在探索阶段。

葛　军：是的，在探索阶段，高考试题难度的稳定性很重要。如果不稳定，就会出现一些问题。比如，试题突然变容易了，成绩相对一般的学生可能会觉得考得不错，但其实最高分都是相对的，成绩分层依然存在，即便个人分数高了，但是分层不会有大的变化。

陈志文：我觉得 2009 年江苏的高考政策是一次回调。

葛　军：没错，是政策的回调。多种原因导致 2009 年江苏高考分数非常高，相应的矛盾也就凸显出来了。所以，2010 年江苏高考录取采用了文理分开划线的方式，但还是坚持数学不分文理，为了保证考试的稳定性，政策就要回归正常。这次政策回归本身没有问题，可是，因上一届的高考数学影响，那些平时数学学习水平相对较低但希望高考可以获得高分的考生，就觉得 2010 年江苏高考数学试题"太难"了。

陈志文：是的，这部分学生会把上一年的试题作为参考。

葛　军：对。但对于排在前 30% 的学生来说，当年的试题是充分体现了他们平时的努力。学生三年的努力得到了匹配性的界定，而不是机会性界定。

陈志文：有很多人，包含教师、学生，如果拿原来的尺子去衡量未来取得的结果，会发现差距很大。但这其中的原因非常复杂，并不是您向来就喜欢出难题。

葛　军：这和难题没有关系。如果把江苏卷和全国卷、他省卷放在同一个平台上评析，江苏卷不算难。

陈志文：现在很多人把试题的难度和负担轻重划等号，尤其是高考，认为试题难了所以负担就重了，您觉得试题难度和负担有关系吗？

葛　军：可能会有一定的关系，这需要我们思考背后的原因。如果试题难度比较稳定，不出现大的波动，大家对自己的学习水平都比较了解，心态比较平和，通过努力可以让成绩有一定的提高，此时试题的难易就不可能成为人们议论或算计的事情，学生则一心一意按照考试要求、回归教材，熟练掌握基本知识与方法，平静地接受对自己的客观地、科学地检测。

但是如果试题难度下降了，考生本身的实力只能考 90 分，他会觉得努力一下可以考到 120 分，因此，就会拼命刷题，错误地认为多刷题就可以提高分数。这样，学生努力的方向以及虚假信心会导致心态失衡，导致学生的负担更加重了。

不仅如此，其结果还导致学生没有真正理解数学基本知识、方法，未能养成良好的数学思维习惯。

什么样的题是"难题"？这本身就是一个复杂的词，难以下定义，甚至可以说不可能有统一的定义。

陈志文：您说的没错。现在很多家长和孩子认为努力就可以考上清华北大，拼命地加班加点刷题。我认为试题难易度和负担轻重之间有一些间接地相关关系，但是没有绝对的逻辑关系，再难的考试得零分都很容易，再简单的考试得满分都很难。所以我们在考试改革中不能把试题难度和负担直接挂钩。就如您刚才讲的，试题难度下降反而加重了负担，根本原因是试题难度下降推高了学生和家长的期望。

葛　军：此外，试题难度下降还会出现更复杂的问题，比如会让教师们学习研究的氛围变薄弱，染上了狭隘的功利色彩，缺失了不断进取的动力。

陈志文：您怎么看待现在的减负？

葛　军：我认为减轻学生负担是必要的，但是要明白如何减负，哪些内容属于减负的范畴也要界定清楚，不能把学生感兴趣的内容也纳入减负的范畴。比如，有一部分学生喜欢做竞赛题，并且乐在其中，而对不喜欢竞赛的学生来说，做竞赛题就非常痛苦。所以，我认为减负应该是一个引导性的过程，不能用一些含糊的词语、简单化的措施来界定教学行为或教育行为。

我们一定要从多个角度去考虑减负：

第一，从宏观的角度看，要做好教育资源的支持，比如让农村薄弱地区的孩子可以接触、感知到更好的教育。

第二，科学引导减少学生的作业量，哪些作业需要减，如何减，这需要各地教研部门的切实研究和引导。因为各地的社会经济文化教育水平不一样，不可一刀切，可以有底线。

第三，对于不同学校要有不同的要求，而且要进行宏观跟踪和微观调控。不是所有的孩子都负担重。

对上层来说，减负应该从宏观的角度去引导，中层要思考如何有效的教学，下层要追究孩子作业优质化的途径。落实减负的关键是要正确地推进。

陈志文：减负要做好区别化，一刀切式的减负显然是错的。我的一个原则是，教育至少不能封顶，我们现在很多地方封顶了，这是不符合因材施教的。有些孩子想学就应该让他学，美国的 AP 课程就是为中学生提供大学先修课程。

四、高考试题不是难了，而是容易了

陈志文：今年高考后，舆论反馈数学很难，就有人造谣说是您出的题。您后来澄清时提到，这些年高考试题不是难了，而是容易了。您为什么会这样说？

葛　军：我认为有几个原因。首先，从试卷来看，对于知识点的考察没有问题，基本都覆盖了，但是对数学思维方法的要求变低了，在试题中的体现少了。数学原本可以对学生的抽象性及逻辑性思维进行考察，一旦弱化了数学思维考察的功能，可能就有人认为可以不学数学了。但实际上，人们日常生活是脱离不了数学思维的。

其次，作为单一的考察方式，一些基本内容没有考，反而考察了一些涉及"数学文化"实际背景的内容，有一部分孩子是不适应的。一是，数学文化应该怎么考察，目前还鲜有人真正深入探讨研究过；二是，考察数学文化的实际背景是否公平，因为有一部分学生没有相关背景知识（尤其是国外的）的认识与理解，造成了学生以为题目看不懂，客观干扰了学生的正常答题心态。

最后，2019 年命题有一些新的尝试，客观上，有些角度值得尝试，但是推进的步伐是否有点快了，牢记蝴蝶效应。慢慢来吧。

陈志文：我通过梳理数据发现，高考人数最近十几年来在持续下降（高职单招除外），但是各省理科 600 分以上的学生人数大规模增长，最低地增长了十几倍，最高地增长了几十倍。这就意味，考生的绝对数量在减少，但是高分考生却大规模增加。从这个角度看，高考其实是变容易了而不是变难了，数学也是其中之一。所以，我不觉得高考试题的难易度在增加学生负担之中起到了什么作用。

葛　军：没错，是这样的。从整体上看，高考应该来说是趋于容易了，而且是绝对性容易，不只是数学。我认为容易分两种：一是相对性容易，二是绝对性容易。我们的考试内容一般分为三类，一部分是所有学生必须掌握的基本内容，一部分是大多数学生能够掌握的内容，还有一部分是要求少数孩子掌握的内容。相对性容易就是，在这个层面上，有少量内容带有一定思维含量，将一些容易的基本知识换个角度来考，事实上解题方法学生是会的,这样的考察方式可以让学生基础打得更扎实,而不是纯粹地反复做简单容易的题,能力没有提高。我们现在的高考试卷中容易的题缺少这种思维含量,但这主要依赖于命题人对学科的理解和感悟,对命题人来说是有难度的。

陈志文:您之前提到,高考命题要平稳。但是我个人觉得有一个问题必须要改,就是高考命题的固化。我大概梳理研究了7个地区的试卷,纵向对比3年的试题知识点发现,知识点和题型的固化率非常高,低的大约70%,高的逼近90%。对此,您怎么看?

葛 军:这个问题我也思考过,我觉得需要关注的是,怎么理解固化?在学校教学过程中,教法是在不断调整的,但教学内容基本是固定的。同理,考试也是一样的,每年参加考试的学生不一样,但知识点的角度相对一致。以数学为例,知识点基本上3年就可以覆盖一次。那么,也就可以说是固化的,但背后是相对的非固定性。

我认为,如果一份试卷中70%的比例必须考基本内容,那么在一段时间内可能每年有30%—40%的知识点是重复的,这没有问题,因为考试对象每年都在换。而另外30%的考试内容需要有一个大框架来加以界限,在此前提下每次可以有一点儿的创新就好。"创新"最基本的方式是组合,也就是不同知识点的组合,形成不同题目,但要前溯、后虑学生学习、教师教学的适应性,不要追求较大的、复杂的组合。

我不赞成"人为创新"。首先,因命题者的"蝴蝶效应"导致下一届高三的复习内容体系变得可怕起来,比如,某一年的高考题会在相关地区被直接简单地模仿,如果新题型出现,就会有人想办法拼凑这些题,而且会加很多"料"。其次,组合试卷的"度"不太好把握,出题的过程中一旦欠缺考虑,就会严重影响学校的正常教学秩序。

我个人主张出题时可以增加对逻辑思维的考察,其实就是把学习该学科的基本方法表达一下。另外,选择题和填空题的功能、定位、题量等,都值得作深入细致的探讨,不可轻率地添加题型,现在数学试卷越来越冗长，值得理性推敲。

陈志文：您的意思我明白了。但有些时候，知识点和题型是大面积固化，比如，前两年的数学第一题基本都是考集合，我觉得不应该完全重复。

葛　军：确实也存在这个问题，但这是客观存在的。可以从两个角度来分析原因。

第一个最本然的角度是课时。教材上有课时的要求，每个课时要体现其知识点。有些知识点要求学生了解，那就必须出考察学生了解程度的题，这类题相对容易，自然就排到试卷前面了。所以，就数学试卷来说，就出现了第一题考察的知识点基本都是集合的情况。

第二个角度是对应课标。取消考纲，回归课标，原本是想引导教学回归教材，我觉得非常有意义。但事实上，在实践过程还没有回归，很多学校都有自己的教学模式和讲义，导致学生在高考时往往会花大量时间准备。

所以我也在考虑，您提到的知识点和题型相对固化的试卷结构，其实也是一件艺术品，我们从低往高看，可以看出它是有难易度区分的，这样也未尝不可以。我认为，在内部进行一些微调是必须的，这实际上也是出题人的追求。但我不主张对大格局进行大的调整，如果出现比较大的调整，会引起大家的恐慌、烦躁。

五、传承传统、面向未来，构建全方位育人模式

陈志文：您到南师附中担任校长已经 7 年了，您觉得您给南师附中带来了什么？

葛　军：刚到南师附中时，我给自己的定位就是尽量把原有的优良传统传承下来，比如，实验意识、踏实做事、强调规范的传统。我的态度是润物无声，一方面往更高的高度推进，另一方面还要结合当下，保持领先

性，坚守教育的本质。总体来说就是，一要调整，二要坚守，三要弘扬。

陈志文：担任南师附中校长这 7 年里，您最满意或者最高兴的是什么？

葛　军：其实有很多。第一是我和孩子们进行学习交流时，尤其是与他们交流数学竞赛相关内容时，其实也促进了我自身的学习，对我来说是非常有意义的事情，也是开心的事情。

第二是学校的管理，我更善于制度的推行。比如，职称管理机制，我们采用了客观的、相对科学的积分机制，通过体系让大家认识到每个人自身努力的状态、自我专业发展能力的大小。

我们会从若干个维度来构建积分机制，包含政策文件规定的维度，再融入南师附中文化要素的维度，各项评价指标的权重是经过大家合议的，避免采用单一、狭隘的指标进行比较。比如，对于论文、课题的要求，我们不会把两者分开评价，因为核心是教师的研究意识。在对积分的衡量上，也不是某一部分的积分越高越好，我们要求老师在某些内容板块下，达到基本要求就可以了。

担任班主任、援疆支边、学校资源辐射联合办学校等都是我们积分计算的维度，让教师既能看到自己的工作量，也能明确自己该怎么努力。数据不是最重要的，评价的核心是让大家认识到，只要努力就会得到应有的尊重，心态也就会变得平和。

陈志文：做南师附中校长的这些年来，您遇到的最棘手的一件事是什么？

葛　军：人的认识如何自觉地与时俱进，这是一个比较棘手的问题。我处理事务的基本方式是，做事情要预在先、议在先，一起商量。我习惯凡事把最坏的结果先考虑到，先做好最坏的打算。

当遇到问题时，我会从两个方面着手解决：一是依靠大家；二是找问题的源头，弄清楚事情的来龙去脉，复杂的事情在刚开始时一定非常简单。

陈志文：您这样的做事方式实际上可执行性特别强，链条非常紧密，对于最坏的结果也有所准备。

您觉得在未来南师附中还有哪些方面需要重点完善？

葛　军：我始终坚信学校的生命力在于教师。南师附中未来更重要的是利用现有条件继续强化教师队伍建设。一名优秀教师可能用一句话就会引发孩子更多思考和兴趣，从而激发学生努力向上的劲头。

陈志文：没错。您在完善师资队伍建设过程中遇到的最大阻力或者困难是什么？

葛　军：在当下，主要困难还是各地政策的不均衡性，我们在努力平衡一些政策的同时，也在寻求一些政策支持。南京的经济发展状况、文化制度等，对于人才的吸引还有一段路要走，我们很想在见证南京不断发展的过程中完善学校的教师队伍建设，选拔吸引一批最顶尖的人才投身到高中教育之中，给高中生以更多、更好、更高的引领。

另外，我们也在进一步强化运用人工智能技术，来辅助支持教师队伍建设。也许速度会比预期缓慢很多，但我希望通过人工智能系统的构建，让学生们能够进入全球化的顶尖课程体系中学习。

陈志文：南师附中还办了一所科技高中，请您介绍一下办这所学校的原因是什么？

葛　军：南师附中秦淮科技高中是南京市教育局、秦淮区人民政府、南京师范大学附属中学三方合作建立的一所高中，目标是要建立一所紧跟世界科技发展潮流的高水平中学。

我觉得科技人才的培养是需要花大力气的，需要有一条通道让孩子得以更快更好的培养。基于江苏及南京目前的教育水平，需要办一所具有示范性的科技高中。有一批孩子，如果仅用分数来衡量，可能成绩偏弱，但是他们从小接受过科技素养的培养，对科技有浓厚的兴趣，如果把这些孩子吸引到科技高中来，能让他们更卓越。

陈志文：这也是因材施教。

葛 军：没错，也是在贯彻因材施教。

陈志文：据了解南师附中在延安也承办了一所分校，这是学校教育扶贫的举措吗？

葛 军：延安新区江苏中学（南京师范大学附属中学延安学校）。从南师附中的角度来说，是优质教育资源辐射的一个尝试，也是南师附中应尽的义务。输出南师附中教育资源的做法，反过来对南师附中也是一种促进，我们在当地管理学校的同时也在思考，全面理解教育的意义，调整我们自己的办学目标、路径、策略。

到延安新区承办学校，更多的是双方学校的交流，延安新区江苏中学可以吸纳南师附中一些优秀的做法，提升办学水平；南师附中的学生可以将延安新区江苏中学作为基地，进行爱国主义教育，两者相得益彰，在无形中构建了全方位的育人模式。

陈志文：2019 年 11 月 12 日，中共中央和国务院印发了《新时代爱国主义教育实施纲要》，请您介绍一下南师附中是如何实施爱国主义教育的？

葛 军：我有以下几个方面的实践探索：

第一，南师附中是一所有着优秀历史传统的学校，一直坚持着对学生爱国主义情怀的教育，比如，高一新生入校，通过校史中知名校友（如彭佩云、袁隆平、刘永坦……）爱国奋进的故事，熏染孩子们热爱祖国，勤奋学习。

第二，要求学生参与国防教育。

第三，南师附中还是一所青少年航空学校，是全国十六所航校之一。让准军人的行为要求，感染每一位附中学子，肩负历史使命，责任有担当。

此外，学校还会利用德育微型系列课程进行革命主义教育和理想主义教育，组织学生参观南京大屠杀纪念馆等活动，还会把一些名师名家请进来为学生做讲座。

我们培养的学生有责任有担当、人文素养好、科学理性强、创新意识浓。所以，当国家提出高中育人方式转变时，我们更多是整合、融通、简约已有的课程体系，并更新原有的一些做法，更好地贯彻当下政策。

六、懂学科、懂管理，一名优秀校长的必备素养

陈志文：您最初在大学当老师，主要是培养中小学老师，后来成为中学校长，您对中小学教育的看法有没有不同？对于大学教师和中学校长，您更享受哪种身份？

葛　军：在大学的教学和后来在中学的教学与管理，这是两个维度。在大学里，教学是教学生如何认识基础数学，了解高等数学和中学数学之间的贯通关系，但总觉得不能直接达到自己所希望的目标，看不到具体的成果。在中学，我能做一些力所能及的事情，继续强化对数学学科的理解和对教育的认识，并且能付诸于具体实践，促进学生的健康成长，这是我的梦想。

陈志文：在您看来，一名优秀的校长需要具备哪些素养？一名优秀的教师未必适合做一名优秀的校长。

葛　军：没错。首先，不同的学校可能有不同的侧重。比如，南师附中，校长至少要具备两个素养，一是学科的支撑，在学科方面至少是个行家；二是必须践行民主科学，要懂系统管理，坚持"尊重、理解、努力、学习"的文化品格，依法治校。

陈志文：我感到，您的管理思维和管理模式与您学数学有直接关联，您思考问题非常严密，做事会考虑到多种可能性，您治校的执行力也比较强，这正是数学学科非常突出的特点。

葛　军：也可以这么理解。其实，我习惯于反思，是在反思中学习、调整、摸索前行。凡事毕反思憾，拟定出下次改进的内容与路径。我也很

注重学习成功人士的管理经验。

陈志文：您比较欣赏和尊敬的中学校长有哪几位？

葛　军：我比较欣赏那些对学校一心一意，工作兢兢业业，甚至把学校融入到自己生命中的校长，比如，南师附中的老校长胡百良。我也很欣赏那些通过一点一滴的工作，带领学校从小到大、从弱变强的校长，比如人大附中的刘彭芝校长，上海中学的唐盛昌校长，他们都值得我去学习。

陈志文：您怎么评价自己，或者您有什么特点？

葛　军：从我自身来讲，我觉得自己还要不断学习，不断读书，不断求索，以应对新时代下出现的问题，这是我的状态。

陈志文：不断地琢磨和思考。

葛　军：我喜欢把问题想清楚再去做，先思考别人或别校的优点和不足，换位思维，再来思考自己该怎么做。

陈志文：您觉得父母对您有哪些影响？

葛　军：我的父母识字不多但是识事。他们看问题的方法给我的启发比较多，比如，能不能换个角度、多种角度去看待问题，还有做事要努力。

陈志文：我觉得父母对孩子的影响是决定性的，孩子的基本面就是父母决定的，无论是遗传还是家教。如同您之前讲的，看问题要多方面去看，站在别人的角度去看。

葛　军：没错，我就是努力这么做的。

陈志文：您觉得您对自己孩子最大的影响是什么？或者从他身上能映射出自己哪些特点？

葛　军：我觉得我对孩子最大的影响还是思维方式，他的思维深刻性非常好。以前跟他一起交流时，我更多的是启发他要多角度看待问题，更强调思维的方法，还有就是平常心，不要功利化。另外，我们更多的是给他一种尊重，尊重他的选择。

陈志文：他的这种独立思考就是理性。

>>> 周鹏程

　　周鹏程，湖北省京山人，1968年8月生，中共党员，博士生导师，中学正高级教师，历史特级教师，现任华中师范大学第一附属中学校长。国家教材委员会历史学科专家委员会委员、教育部中学教师培养教学指导委员会委员、普通高等学校师范类专业认证专家。

周鹏程：教育要培养全面发展的人，培养完整的人

一、以人为本，中国教育对人的关怀在不断强化

陈志文：从 1990 年您开始到华中师范大学第一附属中学工作，如今已经近 30 年。回头看，从您小时候读书，到后来在华中师大一附中工作，直到现在，您觉得我国基础教育发生了哪些变化？

周鹏程：我觉得中国基础教育的最大变化就是加强了对人的关注，"以人为本"的国家政策导向在教育领域不断强化和深入，这表现在很多具体方面。

第一个表现是教育的基本条件发生了颠覆性变化。我小时候读的是一所基层的农村学校，文科比较厉害，办学水平很高，是荆州地区的文科之乡，但是生活条件非常艰苦。记得读高中那几年，我从没喝过热水也没洗过热水澡，这些现在听起来都觉得不可思议，但当时就是农村学校普遍存在的现象。现在，国家在教育均衡发展上的投入力度非常大，教育硬件条件有了根本性提升。

第二个表现是人才培养观念发生了变化。如果没有科学的人才培养观，人才培养就不能回到"人"的本源上来，教育就可能会出现偏差。

2018 年，习近平总书记提出要培养德智体美劳全面发展的社会主义

建设者和接班人。植物的生长需要空气、土壤以及水分等，不管缺哪样都会出问题。人的成长也是一样，德智体美劳，缺失任何一个方面，培养出来的人一定是不完整的，也不是未来社会所需要的。

在教育实践过程中，我们也曾提出要让学生德智体美劳全面发展，但在实际教学中，有些课程被弱化了，有些内容被舍弃了。新高考改革纳入了对学生综合素质的考察，这是国家在人才培养观念上的改变。我们的教育是要培养全面发展的人，培养完整的人——因为人本身就应该是完整的。

第三个表现是教师的教育观念发生了根本性变化。今天我们对教师的要求已不仅是传道授业解惑了，而且要懂得如何陪伴学生成长，如何做学生成长的引领者。因此，教师要保持终身学习的能力，不断提高和完善自身的专业素养。

第四个重要表现就是考试形式的变革。我求学的那个年代，上大学的难度比现在大得多。如果预考没有通过，就不能参加高考。现在的人才选拔形式更科学，更体现"以人为本"的理念。考试形式的变革，从本质上来看，反映出中国教育对人的尊重，中国教育越来越有温度，人文关怀在不断强化。

第五个表现是考试内容发生了变化。在以前的考试中，记忆性内容占了相当大的比例，更多的是考察对基础知识的记忆，比如，文科的政史地考试。对于过去的学生来说，积累足够多知识对应付考试很有用。但现在的考试更多的是考察学生运用知识解决问题的能力，考察学科核心素养，能力导向、价值导向更为突显。

陈志文：刚刚谈及高考改革，湖北是第三批启动新高考改革的8个省份之一，与前面已经启动改革的6个省份不同，湖北采用的是"3+1+2"模式。对此，您怎么看？

周鹏程：湖北新高考改革方案给予了学生一定的选择权，体现了"以人为本"的教育理念，体现了对学生个体差异化的关注。我认为这个方案比较科学务实。

陈志文：现在对新高考有一种质疑，认为大学强调通识教育，但中学又在强调学生的选择权，您怎么看待这个矛盾？

周鹏程：中学提早进行分科教育，表面上看与大学的通识教育有些矛盾，实际上是符合基础教育实际的，如果反过来，中学像大学一样进行通识教育，会存在更多困难和问题。比如，曾经有些中学尝试过改革，将物理、化学、生物统称为科学课，但发现在实际教学过程中很难组织，教师的培养也未必能跟上。

目前的分科教育可以让学生在单个学科领域学习得更深入，但是很多问题需要运用跨学科知识解决。当然，中学也在广泛开展研究性学习，有些学校做了一些基于项目的学习（PBL 学习）课程等，旨在以问题为导向，引导学生系统性研究问题、解决问题。同时，大学低年级的通识教育也是对中学分科教育的一种弥补，也更加有利于学生更深入地学习和研究。

陈志文：随着科技的迅速发展，社会的快速变革，很多人说，未来已来。我们很难准确预测未来究竟是怎样的，但可以肯定的是，教育是要面向未来的。您觉得未来我们基础教育面临的挑战是什么，或者说存在哪些问题？我们又该怎么应对？

周鹏程：教育的本质就是一项培养人的社会活动，为未来培养人。

面向未来，我们要从两个方面考虑基础教育：一是要特别注意习近平总书记提到的"培养什么人""怎样培养人""为谁培养人"的问题；二是不能站在今天的视角来培养明天的人，要关注未来、关注世界，为未来世界培养人。

实际上"未来已来"。今天我们所面临的未来和古代社会人们所面临的未来是不一样的：古代社会变化比较小，未来与当下比较接近；但当今社会变化飞快，未来难以预测，我们甚至都无法预估 10 年后将会是怎样的。

陈志文：其实，"未来"是个不确定的概念，不同的时间点对"未来"的理解也不一样。

周鹏程：有很多人在研究"未来"，有人认为"未来"充满不对称性、不确定性和复杂性。"不对称性"是指，未来一定会存在一种企业、机构或社会组织，看起来力量不大，但实际上具有颠覆性力量；未来不再是人多力量大的时代，我们无法科学地判断哪些企业或组织更有竞争力，也就导致了一些"不确定性"；"复杂性"也是未来世界的重要特点，我们甚至无法描述未来世界中的一些具体形态，不知道科技会进步到怎样的程度，也不能判别未来到底是人被机器取代，还是人与机器共舞的时代。

陈志文：但基于未来世界的这些特点，我们还是可以反过来推导出未来人才需要具备的一些基本能力。

周鹏程：是的。基于对未来世界的这些基本判断，我们对人的培养就不应再以知识传授和学习为主，而要更加关注学生能力素养的培养，培养学生应对未来世界不对称性、不确定性和复杂性的能力。

二、培养学生关键能力，为明天的社会培养人才

陈志文：您觉得应对未来世界的能力包含哪些方面？华中师大一附中都做了哪些努力？

周鹏程：2014 年，华中师大一附中率先提出要培养学生关键能力，学校经过多层面反复深入的研讨之后，将学生需要具备的关键能力概括为三个方面：批判性思维能力、团队领导能力、自我发展能力。

批判性思维能力是创新的基础。批判性思维能力不强是我国基础教育中存在的一个普遍问题。若干年来，我们的教育始终在培养乖孩子。我们要反思，孩子为什么要听话？为什么不能让他有自己的思考？

"为什么我们的学校总是培养不出杰出人才？"著名的钱学森之问，

问的是大学，但从某种意义上说，也是对我们整个教育的拷问。我们要打破培养乖孩子的传统。因为，这非常不利于学生创新思维的培养。

陈志文：我们的传统教育为什么会这样？

周鹏程：一是受到了某些传统文化的影响；二是我国教育发展水平整体还不高，我们还是教育大国而不是教育强国。

陈志文：我非常赞成您的观点。从教育的角度看，我们所处的社会发展阶段还不能满足差异化的教育需求，目前只能更高效地保证基本教育需求。从文化的角度看，更深层次的解释就是中国相对功利的文化传统，具体表现为父母的控制欲。在中国，很多父母根据自己的人生经验为孩子规划未来的路，觉得这样孩子才能有体面的工作或者生活，他们会不由自主地安排或者控制孩子。比如，从国家人才需求的角度来讲，我们希望更多学生读理学、工学、哲学等，但家长们会从就业的角度要求学生读管理学、经济学、金融学等。

在我看来，听话和守规矩是两回事，中西方都要求孩子守规矩，规矩是必须要听的话。

周鹏程：是的，一定要培养学生的规则意识，守规则、知敬畏；同时，培养学生批判性思维能力。

陈志文：没错。Critical Thinking 可以直译为"批判性思维"，其本质是独立思考，强调的是思辨能力。

周鹏程：批判性思维是一种独立而周密的思考问题的能力，强调的是一种思考问题的习惯和方法，体现的是一种思维品质。美国高校曾做过调研，请高校学者、教授对大学毕业生走上社会后需要具备的能力进行排序，批判性思维能力是排在第一位的。因此，华中师大一附中把批判性思维放在了学生关键能力的第一位。

人具有独立而周密的思考问题的能力，才能解决未来面对的新问题，这决定着一个人在未来社会中的贡献度，各行各业的引领者或者比较出色的人才批判性思维能力都比较强。我认为，所有学校都应该注重学生批判性思维能力的培养，否则中国不会有太多的创新人才。

陈志文：遇到问题能找到解决办法就是一种创新。

周鹏程：没错。学生关键能力的第二个方面是团队领导能力，人类面对的很多问题不可能一个人去解决，这就要求人们具备组织协调沟通能力，尤其是未来世界的引领者们更加需要。

学生关键能力的第三个方面是自我发展能力，要懂得规划自己的发展路径。学生的自我管理能力是自我发展能力的基础，只有先把自己管理好才能谋求进一步发展。学生的自我管理能力包括时间管理、情绪管理、生活管理、健康管理、学习管理、生涯规划等几个基本维度。

陈志文：我觉得，这是目前中国学生普遍存在的问题。其实古人讲的"克己复礼"，也是这个道理，就是约束自己。在西方，一些著名中学都有严苛的规定，本质上也是为了让学生自己管住自己。比如，想玩游戏了，能否管住自己不玩儿，做些更应该做的事情。再比如，想生气了，能否管住自己不发火，保持对他人的基本礼貌。一个人是否优秀，区别就在于能在多大程度上管住自己。

周鹏程：这其实是自律，也是自育的基本前提。华中师大一附中所倡导的自我发展能力以自我管理能力为依托，但又高于自我管理能力。

华中师大一附中把高一作为养成教育阶段，学校引导来自不同学校的学生们适应新环境，并形成健康的生活习惯，教会他们管理时间、管理情绪、管理健康、管理基本生活。我们希望孩子们能养成终身受益的良好的学习习惯和生活习惯。

我始终认为，若要让学生更好地应对未来社会，就一定要关注学生关键能力的培养，因为只拥有知识储备而缺乏关键能力，是无法应对未来的。华中师大一附中的人才培养理念是"塑造强健身心、涵养卓越品格、培养关键能力"，除了以上提到的"批判性思维能力、团队领导能力、自我发展能力"三个方面的关键能力，华中师大一附中更希望学生拥有强健的身心和卓越的品格。学校为此开设了一系列课程，践行这种人才培养理念。

陈志文：华中师大一附中在贯彻"学生关键能力"培养理念的过程中，是否遇到过挑战或者难题？

周鹏程：遇到过。我们在 2014 年提出要培养学生的关键能力，作为一项改革，面临着几个方面的挑战。

第一个挑战是统一教师的思想观念。这原本应该是一个漫长的过程，但我们必须在短时间内完成。最初，有些老师由于思维惯性，对学生关键能力的培养有些疑问。记得有老师曾问我，培养学生关键能力会不会影响高考，会不会影响学业水平考试？我的回答是："肯定会，但是会越来越好！"

一般来说，统一思想有两种模式，一是自上而下的，一是自下而上的，相比较来说，自下而上更容易被大家所接受。当时，我更希望这个理念能成为大家的共识，而不是校长的命令。所以，我们发起了全校思想大讨论，在教研组、年级组、备课组及学校干部等各层面召开了多次研讨会，让老师们广泛参与，共同思考和讨论是否应该培养学生关键能力以及如何培养等问题，最终达成了共识。

另一个挑战是社会舆论的应对。舆论更加关注高考分数。学校和媒体应该引导社会舆论的方向，而不是由家长或者社会舆论来影响学校和媒体的走向，我们要为教育改革营造良好的舆论环境。所以，我们学校的很多活动都会邀请媒体参加，我也会在媒体上发声。另外，我们经常与各级教育部门沟通汇报，争取他们的支持，尽可能在更大范围营造一种有利于改革的氛围，尽量减少改革的外部阻力。

这项改革对于学生自身也是一个挑战，这也是改革中至关重要的一环，教育最终都要落在学生身上。有些孩子从小学开始几乎都是被老师抱着走的，老师包揽一切，所以对老师有一种强烈的依赖感。这也是我们强调提高学生自我管理能力的一个原因。

最后一个问题就是学校教育和家庭教育的博弈。有些孩子在学校养成了很好的学习和生活习惯，但放假回家后，他们的习惯就会被打乱。所以，华中师大一附中强化了家校合作，常年举办家长课堂，也会通过家委会定期组织一些活动，共同探讨什么是最好的家庭教育。

三、扭转家庭教育观念的偏差，不要缺位越位

陈志文：家长是孩子的第一任老师。但我觉得，目前我们大多数家长并不清楚如何做一个合格的家长，在养育孩子的过程中，家庭教育观念存在严重偏差。您认为，家庭教育存在哪些问题？

周鹏程：学校教育只是教育的一部分，并不是全部。目前，家庭教育和学校教育存在着越位和缺位的现象。我认为，家庭教育和学校教育应该各就各位，联合培养，系统推进孩子成长。

陈志文：现在家庭教育变成了知识教育。

周鹏程：是的，现在家庭教育的重心放在了孩子知识的学习上。我曾经提出过一个疑问，为什么当孩子的学习出现问题时，家长成了专家？有些家长甚至会干预学校教学。

陈志文：您有答案吗？

周鹏程：家长的焦虑。正如之前所说，中国社会目前存在着一些系统性问题，激烈的竞争导致家长们更关注孩子如何才能成功，功利化倾向比较明显。

陈志文：这是社会问题而不是教育问题，是社会问题在教育上的映射。

周鹏程：是的。家庭教育的位置应该在哪里，要做什么？我认为，家庭应该是孩子情感的港湾，家庭教育应该以情感教育、品格形成为重心。当然，父母之爱不是溺爱，不是过度放纵，不是小爱，而是大爱，要教会孩子如何去对待他人，拥抱世界。父母要把孩子看作是国家的人才，而不

是个人的财产。

另外，给孩子树立正确的"三观"是家庭教育的一个重要问题。家庭教育对孩子人生观、世界观、价值观的形成影响非常大，尤其是价值观。

陈志文：家庭教育对孩子"三观"的形成具有基础性、决定性作用，但是很多家长总认为这是学校的责任。

周鹏程：没错，学校教育想扭转孩子的"三观"非常困难。如果家庭教育和学校教育倡导的"三观"相反，那么孩子会很痛苦。

家长在引导孩子建立"三观"时，一定要公正、客观地评价孩子。大部分家长都觉得自己的孩子很聪明，只是因为某种客观原因没有取得很好的成绩。聪明重不重要？重要，但在人的成长过程中并不是最重要的。家长要引导孩子成为一个全面发展、积极向上、完整健康的人，鼓励孩子追求个人成功与幸福，更要培养孩子的家国情怀。

陈志文：这也是现在孩子们普遍缺乏的，导致很多孩子在进入大学后有失速的现象，没有了目标。其实，如果心中有大我，有大爱，有家国情怀，就会有一堆的目标要完成。

周鹏程：是的，学生心里会有一种自发的使命感。

陈志文：那是在教育过程中，不断种下的种子。

周鹏程：是的。此前，经合组织（OECD）公布了2018年国际学生评估项目（PISA 2018）的测试结果，来自北京、上海、江苏、浙江四个省市的中国学生在阅读、数学、科学三项关键能力素养上均排名第一。

但是，这次测试也反映出了很多问题。在这次测试中，有些问卷提出了几个问题，学生的回答值得我们反思：比如，你过得是否幸福，我们的孩子回答是不幸福；再比如，你是否有归属感，我们的孩子回答是没有归属感；甚至有些测试分数很高的孩子在被问到是否愿意当科学家时，他们的回答是不愿意。

这是教育导向的问题，是根子上的问题。这些问题原本应该是家庭教育应当解决的，但现在由于家庭教育没有到位，导致学校教育在给家庭教育补位，老师在给家长补位。

陈志文：这点我认同，比如，学生良好习惯的养成，如果没有家长的理解、支持、协作，是不可能完成的。

周鹏程：家庭教育状态与国家发展水平有关。家庭教育和学校教育应当各就各位，相互配合，不要缺位越位。

在我国，随着国家发展水平不断提升，家长对教育的重视程度越来越高，但依然存在着重智轻德、重视考试分数而忽视综合素质培养的现象。我曾经呼吁，在国家主导下，由各省教育厅建立家长学校，并在国家层面制定相关标准。

陈志文：我的建议也是要把这件事抓实。目前我们在国家层面已经出台了一些家庭教育相关的政策。2016年，教育部等9部门曾经联合出台《关于指导推进家庭教育的五年规划（2016—2020年)》，提出到2020年基本建成适应城乡发展、满足家长和儿童需求的家庭教育指导服务体系。在落实上，我觉得可以尝试采用建制化学校的模式，对家长定期进行培训。

周鹏程：对，建立高水准的家长学校。现在很多家长，对孩子满怀期待，但又充满焦虑，不知道应该如何教育孩子，如何引导孩子成长。中国目前的家庭教育是焦虑的一代在培养焦虑的下一代，循环往复。

陈志文：这种焦虑裹挟着我们的教育。为了应对这种焦虑，国家出台了很多政策，但是就像中医里说的，治标不治本，只能是在外部做修复。我赞同您的观点，中国教育问题的解决，根在社会。我们可以从两方面努力，一是家长，一是老师，吸引最优秀的人做老师。

周鹏程：是的，我们要从问题的根源上去扭转。一个孩子要在和谐的情感氛围中成长，接受温馨的家庭教育的滋润和培养，确立正确的人生观、世界观、价值观，同时接受专业的学校教育，这才是理想的教育模式，这样我们才能培养出真正优秀的创新人才。

四、学生创新能力的培养，是渗透在教学过程中的

陈志文：您刚刚讲到创新人才培养，创新能力应该是未来人才必备的。在华中师大一附中，是如何培养学生创新能力的？

周鹏程：学生创新能力是渗透在学科教学过程中的。近年，我校打造新型课程与教学样态，在课堂教学过程中突出学生自主学习，培养学生批判性思维能力，通过图式教学培养高阶思维能力，通过"光谷课程""院士课程""PBL 课程"拓宽学生视野，鼓励和引导学生研究，培养关键能力。除了常规课堂教学，我们还开设了一些基于项目学习的选修课，也设有中国大学先修课程（CAP）。

此外，华中师大一附中于 2001 年成立了学生科学院，进行创新研究的培养，构建开放、自主的教育生态，营造"开放·研究·超越"的学校文化，聘请了杨叔子、杨振宁、龙乐豪等学者为名誉院长。学生科学院的主要活动都由学生来组织，老师是辅助者、协助者。学生们会自发在课余时间组织课题研究，取得成果后举办发布会，并就一些质疑进行深入分析和辩论。这也是对学生思维能力培养的过程。

陈志文：这其中有些方式方法也是对西方教育的借鉴。西方教育，我们不能全盘学习，但有一些方式方法值得借鉴。在西方国家，普遍从小学开始就要求学生写论文，要求学生在课堂上表达自己的观点、进行讨论。这其实就是引导孩子就某一件事情进行思考，形成自己的观点，并用书面或者口头的方式表达出来。老师没有标准答案。这是对学生逻辑思维能力一种非常好的锻炼，我们的教育在这方面很欠缺。

您怎么看待对拔尖创新人才的培养？基础教育在这方面应该怎么做？

周鹏程：我认为，基础教育一方面要培养每一个人，彰显每一个孩子的优势，让每一个孩子都能获得成功；但另一方面，我们也应该承认人与

人之间的差异性，要更加关注拔尖创新人才的培养。我主张，拔尖创新人才的培养应该体系化、制度化，要有体制机制保证。

陈志文：未来，中国要实现大国崛起，就要靠拔尖创新人才。在我看来，原本我国基础教育的拔尖创新人才培养体系虽然存在不足，但体系是完整的，而现在却没有了。基础教育强调均衡是对的，教育必须保底，但不能封顶，还是要注意差异化，因材施教。

有人认为拔尖创新人才的培养是大学的事情，我非常不赞同。拔尖创新人才的培养体系应该覆盖小学、初中、高中以及大学各个阶段的教育。

周鹏程：没错，如果在基础教育阶段扼杀了学生创新品质、创新意识，那么高校是不可能再培养出拔尖创新人才的。拔尖创新人才培养应该上升为国家战略。

有很多孩子拥有特殊才能，但是没有受到与众不同的教育。我也经常呼吁，我们的强国之路要靠创新人才，要靠拔尖创新人才，这对中国的未来起着决定性作用。

陈志文：2019 年，中国数学奥林匹克（第 35 届全国中学生数学冬令营）在华中师大一附中举办。近些年，大家对奥赛的争议很大。您作为一名中学校长，怎么看待奥赛？奥赛对于人才培养是否有意义？

周鹏程：奥林匹克学科竞赛是在学科学习上的高水平比拼，旨在激发学科潜能，培养拔尖青年对科学的兴趣。

部分对某些学科具有浓厚学习和研究兴趣，且学有余力、学有所长的学生，可以支持他们参加奥赛；但对于大多数学生来说，不应去参加铺天盖地的奥赛培训，应该根据学生自身特点，循序渐进地学习。

陈志文：其实，奥赛也是我们培养拔尖创新人才的途径之一。奥数本无罪，恶的是异化奥数，错的是全民奥数。

五、教师水平决定着一个国家的未来和兴衰

陈志文：今年华中师大一附中教师招聘名单备受关注，均来自国内外顶尖高校，博士生占了绝大多数。近年来，中学招聘经常出现"豪华阵容"，对此您怎么看？是否"大材小用"？

周鹏程：我觉得这是教育发展必经的过程。有人认为博士、硕士到中学教书是"大材小用"，是一种浪费，这是错误的。教师水平可以作为衡量一个国家发展水平的标准，决定着一个国家的未来和兴衰。新中国成立70 年来，社会已经发展到了较高水平，聘任博士、硕士到中学任教恰逢其时，这也是中国发展的标志。之前这类高学历人才在中小学教师队伍中的数量比较少，所以大家觉得奇怪，但以后会越来越多。

我们一定要树立一个观念，教育是一体化的人才培养，中学教育要"瞻前顾后，左顾右盼"，中学教育既要关注小学阶段的教育，也要看大学的人才培养标准和要求。一所高水平中学里要有高学历教师，一方面他们了解高校需要学生具备怎样的学习能力和综合素养，另一方面也了解高校的人才培养观念。这样，才能让我们的学生更适应高等教育，这也是国家对高中教育的定位之一。如果我们的教师没有前瞻性，对高校的人才培养不了解，我们如何培养能适应高等教育的学生？

现在，一些中学已经开设了 CAP 和 AP 课程，也就是大学先修课，也有学校开设了项目式学习课程，这些都需要具备研究能力的老师来教。从实践上来说，华中师大一附中已经聘任的博士学历教师确实给学校带来了很多新的东西，对我们的传统教育教学起到了很好的带动作用。

陈志文：我希望有更多的高学历毕业生到小学、中学当老师。您觉得，华中师大一附中吸引这些优秀博士、硕士的地方是什么？

周鹏程：这个问题我们在面试的时候也问过他们。他们认为，第一，是有用武之地，华中师大一附中是中国最好的中学之一，学术科研氛围浓

厚，在这里他们可以用其所长成就事业，无论做常规的学科教师还是担任竞赛教练，或是做学术研究（在学校基础教育研究院工作），都可以成为中国教师队伍中的引领者，这是个人价值的一种实现；第二，华中师大一附中尽力为教职工营造温馨的工作环境，学校关爱每位教职工的身心健康，每年都会组织非常丰富的教师活动，学校有马拉松队、篮球队、羽毛球队、舞蹈队、瑜伽队等，很多老师愿意以校为家，他们喜欢这种健康生活的理念；第三，作为大学附中，学校的学术氛围浓厚，"开放·研究·超越"的学校文化适合研究型教师的成长。

陈志文：您觉得，毕业于综合性大学和师范院校的教师是否有些不同？师范教育又该做哪些调整？

周鹏程：两者确实存在一些差异，我认为应该相互取长补短。一方面，师范院校毕业生的教师教育特色比综合性大学毕业生更鲜明；另一方面，综合性大学毕业生对学科的学习更深入，研究能力更强。

陈志文：您是从一名老师成长为校长的，您觉得两者之间有何不同？

周鹏程：我的经历比较特殊，学校里几乎所有岗位我都经历过。

关于老师与校长之间的不同，我认为可能主要有以下几个方面：第一，教师的工作侧重于基于学科教学的学生培养和教育，而校长的工作主要是谋划学校发展，建构办学理念和办学逻辑；第二，校长要引领教师成长；第三，校长要经营学校，营造办学环境，让教师乐教、学生乐学；第四，校长要为学校发展争取更多资源。

陈志文：校长要去解决资源的问题。

周鹏程：是的，争取资源是校长的一项重要能力。我们开发了院士课程，每年都会请一些院士来校讲学，让学生了解各学科前沿，了解科学家应当具备的素质素养，感受科学家的家国情怀和使命担当；我们开发了光谷课程，将中国光谷的企业家们请进课堂，让学生了解学科应用价值、企业的创新思维和社会责任感；同时，学校与武汉大学、华中科技大学、华中师范大学等周边高校合作，联合培养部分学生的学科特长；学校开展校企合作，创办了"长飞班""长储班"，培养拔尖人才。

陈志文：这些优秀院士往往都是全才，知识面特别宽，表达也非常好，很了不起。他们对学生的影响是全方位的。

您读大学时的专业是历史，每个人身上其实都带有自己的学科烙印、学校烙印。您觉得，历史给您带来了什么影响？对您做教育、做校长有什么影响？

周鹏程：历史是个比较特殊的学科。首先，与其他学科相比较，历史学比较宏观，时空观念是历史学科的核心素养之一，在学习历史的过程中，自然就习惯了把一些具体的人或者事放到历史长河中去思考和判断，这时候看问题就会更宏观，更容易把握问题的主要方面。

其次，历史学特别强调唯物史观，所有的观点必须有详实的历史资料作支撑。所以，学历史的人一般比较客观。

最后，历史往往更能激发人的家国情怀和使命担当，中国的古代史让人热血沸腾，近代史让人怒火万丈，现代史让人对中国社会充满期待，展望未来觉得应该为国家培养好人才。特别是作为一名校长，一名老师，我会基于历史进行思考，如何把学生培养成适应未来社会，具备家国情怀、使命担当，能够终身发展的完整的人。

陈志文：历史是一门很有意思的学科，在人文社科领域，历史和哲学的体系性会更强一些。

周鹏程：是的。历史是一门严谨的学科，很像理科中的物理，强调结构化。不论是哪个历史时期，即便再复杂，历史总会通过某些重大历史事件或者重要历史人物来呈现这个时代的特点。

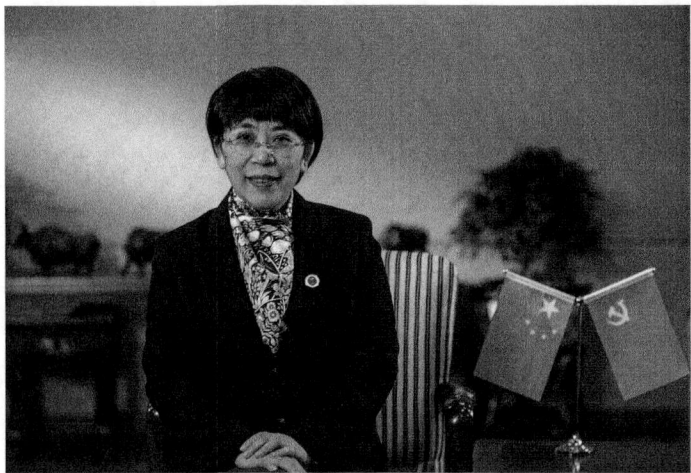

>> 陈萍

　　陈萍，中学政治正高级教师，杭州学军中学原校长。1996年毕业于浙江师范大学政法系，毕业后一直在杭州学军中学工作，先后担任班主任、校团委副书记、校团委书记、学生处主任、副校长、党总支书记等职务。现任杭州市教育局党委副书记、副局长。

陈萍：以德为先，培养"德识才"兼备的领军人才

一、政治教育的成功推动了国家认同感

陈志文：新中国成立 70 年来，基础教育历经几次大规模的调整与改革。从您的角度看，70 年来我们基础教育获得了哪些突出成就？

陈　萍：在我看来，新中国成立 70 年来，我国基础教育取得的成就包含以下几个方面：

第一是教育的数量大发展。以前很多人都没有机会接受教育，但是现在高等教育毛入学率超过 50%，知识普及到越来越多的人。这是中国付出巨大努力后才达到的效果，包括义务教育的完成、高中教育的普及等。我们人口基数大，2019 年高考考生高达 1000 万，这也就意味着，教育的普及发展不仅能改变个人的利益，还可以改变国家和民族的利益。知识就是力量，用知识武装这 70 年来成长的中华人民共和国公民，是新中国成立 70 年来取得的非常大的成就，在世界上也是完全值得骄傲的一件事。

第二是教育的质量大提高。我们的知识体系非常完整，不仅仅有语数外、政史地和理化生；还有其他课程，比如，通过兴趣小组、选修课的形式形成的交叉学科，以及高等教育与中学教育结合的课程等。这种多元化的教育方式和完整的教育体系培养的人才，就像不同大小的零件和螺丝一

样，是推动国家这艘巨轮前进的重要组成部分。

第三是教育的方针更完善，即立德树人。新中国成立 70 年来，德育帮助教育扭转了很多的问题。在古代，是什么驱动人们读书？是学而优则仕的思想，是舍小我成大我的信念，许多士大夫寒窗苦读就是为国家发展作贡献。现在大家对这个问题的理解比过去更深刻，这跟我们又红又专、立德树人的培养理念是分不开的。

第四是德的一个衍生，政治教育的成功使如今的人们对政治和国家的理解越来越深刻。现在的学生和社会群体对我们的政党制度越来越拥护，这既是因为我们制度的优越性，更是因为从德的角度上，人们能够更深刻地理解民主和集中的关系，对国家和民族产生认同感和归属感。

二、新时代青年的思想问题需要关注和解决

陈志文：您是一位政治特级教师，但如果说您更像一位引导青少年成长的特级教师是不是也很恰当？如今的老百姓是否把政治这个词给局限了？

陈　萍：是的，政治这个词在中国变得有些狭义，其实可以把它理解得更加广义一些。我认为，政治这门学科对每个人都非常有用，是一门综合性的学科。

陈志文：习近平总书记很重视思想政治教育，也亲自到高校开过相关的会议。但目前的实际情况是，政治课不好教也不容易教得好，在这方面您有什么建议？您觉得问题出在哪里？

陈　萍：我认为习近平总书记不仅看到了问题所在，而且已经在下大力气去解决这个问题了。现在的青年人、青少年很多都已经进入到不缺物质的阶段了，不像我们这一代，如果不努力学习就有可能找不到工作。青年人未来应该更关注精神层面和思想层面的需求，如果这些问题解决不好就容易陷入两种极端。第一种是盲目追求物质享受，第二种就是陷入漫无

目的的生活，比如，啃老或者挥霍。这两种极端对国家来说是非常可怕的，因为国家与国家之前的竞争是永远存在的。

所以我认为，思想问题是这一代人必须要解决的，政治课是不可或缺的。教政治最难的一点是太专业化和标签化，事实上我们需要将这门课融入生活，最好能够实现时时施教、处处施教、人人会教。我认为当好思政老师需要具备两个条件，一是要有心，随时观察学生的心理变化，随时观察学生出现的问题；二是要懂心，懂得思想政治教育的重要性。

陈志文：关于教育，习近平总书记多次讲到，要解决培养什么人、怎样培养人、为谁培养人的问题。对于国家现在的教育方针，您怎么看？尤其是在当今中美贸易大战的背景下。

陈　萍：我认为习近平总书记提出的这三个问题，应该是教育工作者开展工作的核心要义和根本主线，如果离开了这条主线，很多工作就没意义了，甚至还会起到反作用。原来我们提倡又红又专，现在我们遵循立德树人，我认为这对于教育工作者来说是非常必要的。

我们学校有句口号——培养有德有识有才的领军人。我认为不管是一个家庭、一个社会还是一个国家，德一定要放在首位，它是国家和社会长久发展的根本。作为学校，我们把德的内涵和层次都做了梳理和定位，分成大德育和小德育，而在德育的方式方法上，我们追求德育无痕与德育生活化，将德、识、才全面地贯彻到学生的学习和生活当中。

我们经常引导学生理解生命价值的所在和家庭给予的教育资源，我们希望在我们的引领下，学生的思想境界和理想追求能够带起这个社会的高度，希望他们不仅成为合格的人，还要成为优秀的人，懂得舍小我成大我。

三、新高考改革让学生有了多元选择机会

陈志文：浙江2014年启动新高考改革，您如何看待这一轮高考改革？

新高考实行以来，许多高中在课程体系、培养目标等方面都在摸索中前行。学军中学制定了怎样的策略？

陈　萍：新高考改革确实牵动千家万户，我认为改革是很有必要的，改革能够推动教育的发展和人才的培养。改革首先让学生有了多元的选择机会；而考试制度的改革也让学生有了更好地结合自身兴趣和志趣的平台，在多元智能的角度有一个更好的空间。

浙江高考改革从2014年开始，这些年学军中学一直在不断探索，把改革方向贯彻落实到具体的教育教学实践当中。在新高考改革下，学校对学生的培养主要是把握好以下几个关：

高一时做好初高中的衔接，给学生做好生涯规划，把个人兴趣、优势与今后的发展方向相结合，给学生们装上一个"望远镜"。每年新生入学时，学军都会先完成每个学生的生涯发展档案录入，包括个人经历、学习情况分析、学业规划等。同时，学校还会开展丰富的生涯主题实践活动。在学期中，开展生涯人物访谈、生涯主题班会、社区志愿者服务、高中生职业生涯论坛等活动；在假期，邀请优秀毕业生回校交流，组织学生深入生涯实践基地，亲身感受各行各业的工作状态。面对学生们的各种困惑，还会有心理教师进行一对一的个性化辅导。

我认为，学生的兴趣爱好并不是"闲事儿"，而是能使学生保持钻研和向上的动力。随着学军中学新课改的持续推进，选修课的数量与日俱增，为学生提供了充分探索爱好的机会。目前，学校开设了包括STEAM课程群、AC课程群、国际理解教育3C课程群、互联网＋课程群、领导管理课程群等在内的八大特色课程群，共200多门选修课程。在每学年开课前，学校都会对学生进行选课意向的调查研究，希望能为学生的个性化培养搭建平台，希望每个学生都能找到适合自己的课程。

到了高二阶段，学生们因为要准备"7选3"的学考选考，很容易把眼界停留在一场场考试里；此时学校更应为学生搭建平台，开拓眼界，课内外相结合，帮助学生"开眼看世界"。我一直鼓励学生把目光放远。学校很多活动都是从日常学习与社会生活中寻求结合点的。组织这些活动的目的是培养学生学以致用的能力，引导他们对日常问题进行思考并解决，在逐步解决问题的过程中，学生也能学到更多。

高三是验证高中3年学习成果的时刻，既需要最后的拼搏，也需要思想境界上的升华。学校在建设一个"家文化"的德育品牌，修家谱，理家训，写家史，传家风，意在让学生明白在家庭中应该担负的责任。学生的发展应该考虑到对社会、国家和民族的责任。学军中学的孩子从高一起就有志愿者服务的必修时间，要在3年里做足60天的志愿者服务才能参加高三的成人节宣誓仪式。成人的关键词就是负责，学生应该把个人的生命融入整个人类发展中看，融入社会，思考能做什么对社会有益的事。试想，如果每个人都停留于当下的满足，不思进取，那么人类社会是不可能进步的。

陈志文：在您看来，基础教育阶段培养拔尖创新人才的关键是什么？学军中学采取了哪些措施？

陈　萍：在社会大众看来，选拔与培养拔尖创新人才，学生的智商至关重要。其实，除了智商，拔尖创新人才选择什么样的平台更为关键。单纯就高中平台而言，第一要看这所学校的师资力量是否雄厚。第二，要看这所学校能不能提供全国性的学科平台。

学军中学是浙江省最早关注和开展拔尖创新人才培养的高中之一。早在2009年前后，北京大学、清华大学在全国推行"校长实名推荐制"和"新百年领军计划"时，浙江仅3所高中入围，学军中学就是其中之一。

进入新时代以来，作为浙江省名校和全国一流高中，学军中学提出了"全人教育"和"全球教育"的核心办学理念，实施"具有求实精神和创新能力的精英教育"的办学策略，为国家培养面向未来的"有德、有识、有才"的领军人才。

在浙江省高中课程改革方案四大模块的引领下，学校积极开发具有学军特色的体现学校办学宗旨和培养目标的课程版块，必修与选修有机结合，让每个学生都能找到适合的课程，让每个学生成为课程的受益者。学校还成立了拔尖创新人才培养中心，搭建平台，创设促进学生科技创新能力发展的环境，关注学生的基础学科核心素养，关注科技创新的关键能力。从课程顶层设计、知识应用、项目开发等方面着手，全方位铺就科技创新人才的培养之路，强化学生的创新能力，为学生可持续发展奠定扎实的基础，竭力把资优人才培养成领军人才。

四、家庭教育要培养孩子"舍小我、成大我"的意识

陈志文：我注意到您也特别重视家庭教育，您认为家庭教育对整个学校的教育或者个人教育有什么样的价值，在这方面我们应该注意些什么？

陈　萍：我觉得家庭教育很重要。习近平总书记曾说过，家庭教育是我们教育最开始的地方，也是一辈子都在进行教育的地方。

第一点我认为家庭关系和睦是非常重要的，和睦的家庭会让孩子成为一个善解人意的人，而极端的家庭则会让孩子成为一个极端和偏执的人。所以家庭和睦、沟通顺畅在家庭教育中是非常重要的。

第二点也是习近平总书记非常提倡的一点，就是家风建设。家庭就像一个小社会，社会风气很重要，家风也同样重要。我们推荐家长学习优秀的家训，并且和孩子一起建设一套最适合自己家的家训。对父母而言，这是一种自我反思和自我提升的过程，孩子也能够有作为家庭一员的参与感和价值感。

第三点就是传家风，也就是道德思想的实践。我们需要让子女懂得爱、懂得感恩，才能让社会有更好的风气。

陈志文：您在家庭教育方面对家长还有哪些具体的建议？或者是一些不容易被注意到的方法？

陈　萍：根据当今社会的客观环境我有几点建议。

第一，父母一定要培养孩子自力更生的能力和意识。现在生活条件越来越好，很多孩子是独生子女，父母对他们的宠爱太多，也不愿意让孩子吃苦，导致出现了一些啃老族、懒惰主义。我觉得父母一定不能对孩子过度关注、过度呵护，毕竟成人以后，很多事情都需要孩子独自面对、独立完成。当然，父母也不能让孩子只知道学习，不懂得劳动，因为劳动中才能体验到更多的东西、实践中才能学到真正的技能，收获书本之外的综合能力。

第二，我认为这点非常重要，家长需要引导自己的孩子跳出小家、融入大家，试着在社会大家庭里体验和交往，要培养孩子舍小我、成大我的意识，不能让孩子向利己主义发展。父母需要扩大孩子们的视野和格局，让他们能够感受到个体跟社会的关系。此外，父母要言传身教，从自身品德做起，给孩子正面的影响和引导。

第三，对家庭教育而言，既要引导孩子懂得父母心，也需要让父母懂孩子。父母始终要有一套规范孩子的分寸和标准，不能一味迁就孩子；而且这个标准如何能和孩子融为一体，需要父母理解孩子，走进对方的内心，共同去探讨和建立体系。

五、学校不是无限责任公司，要赋予学校惩戒权

陈志文：从您的角度看，我们现在这一代孩子有什么特点？最大的不足是什么？应该怎么去调整？特别是教育方面该做哪些调整？

陈　萍：第一，现在的孩子视野都很开阔，而且很注重自身的全面发展，和他人交往的能力也越来越强。第二，现在的孩子民族自豪感更为强烈，不再跟风和崇洋媚外。第三，孩子对国家的理解更加全面和深刻。

至于不足，我觉得一方面，孩子们的动手能力还是欠缺一些，不过这不是他们的错，也不是父母的错，是很多因素综合造成的。现在的教育环

境提供给孩子们的动手机会比较少，这里说的动手机会不仅仅是指劳动、社会实践，还包括科学研究、科学实验。由此一来，孩子们思考和创新的机会也更少，从失败中寻找成功的机会也变少了。

另一方面，孩子们对于当今社会的参与不够。学军中学提倡"四进"，就是在暑假里"一进农村，二进企业，三进大学，四进国际"。"四进"活动既有研也有学，能够真正落实社会实践。

陈志文：现在中小学生的极端现象越来越多，您怎么看？比如，因为没考好、家长批评等原因就选择跳楼。您怎么看待这种现象？

陈　萍：我认为社会甚至国家都应该高度重视这个问题。这种现象产生的根本原因还是很多中小学生心理太脆弱，经受的挫折教育太少，缺乏对生命价值的正确理解。很多时候，他们实际上是在用这种手段要挟父母，惩罚教育他的人。

我认为要解决这样的问题，从教育角度看，首先，要给予学校惩戒权，给学校松绑，学校不能无限制地承担责任。现在家长无法管，学校不敢管，所有的后果都是社会在承担，最后整个国家的发展一定会受到很大的限制。

其次，培养孩子的敬畏心很重要。一个人能够被教育的重要前提就是他要有敬畏心，而培养敬畏心最好的地方就是学校。所以我觉得无论是家长还是社会，都要教导孩子尊重老师，爱老师，理解老师的言行。因为敬畏感能够帮助我们国家的下一代，未来的社会主义建设者，建立他们的道德体系和价值体系。如果能够建立正确的三观，那么中小学生走极端的情况会得以改善。

六、不能用分数定位学军中学

陈志文：请您介绍一下为什么校名用"学军"两个字？学军中学的特

点或者特质是什么？

陈　萍：1956年，为了解决南下干部子女的读书问题，浙江省直属机关干部子弟学校成立。1958年，学校更名为浙江师范学院附中，次年又更名为杭大附中，直到1968年正式定名为杭州学军中学，沿用至今。虽然校名变了多次，但学军骨子里的精神从未变过，也就是学军一贯的育人目标——"培养面向世界、面向未来的领军人才"，校名中"学军"二字也正反映了这一点。

我认为学军中学的特质有几个方面，第一是红色基因非常明显。学校刚开始办学的时候，生源主要来自革命家庭，这些家庭的子女对革命事业及党和国家的感情特别强烈，所以学校也一直在传承红色基因。

第二是学校的师资充满正气，学校的领导和老师都非常注重个人及学校的政治思想与改革意识。具有这个特质的原因还要追溯到学军的办学历史，20世纪60年代，周恩来总理提出全国要有18所学校进行大课改，而学军中学就是这18所学校中在浙江的唯一一所。学军中学当时已经成为杭大附中，学军中学的教师有一半是大学教授，他们也将大学的改革思想带进了学军中学。

20世纪80年代，改革开放以后，大家意识到教育要开放，要跟世界接轨，于是学校在改革的同时也实行了开放；随后学军中学的课程体系中便有了兴趣小组，作为必修课的补充。现在很多航空航天领域的专家是从学军中学毕业的，采访时他们提到自己的蓝天梦想和对航空航天事业的追求就源于学校当时的航模兴趣小组。

第三是随着学校的发展，20世纪90年代末，学军中学又具有了一个新的特质——弹性教育、弹性教学。学校以四种弹性教育方式为基础建立了制度，这四种弹性教育方式分别是弹性作业、弹性课堂、弹性考试和弹性学分。从最初的课程改革到现在，学校的分层次教学已经更加完整，分层次的人才培养体系也更加完善。

第四是学军中学具有育人爱心和责任意识，社会对学军中学给予了高度评价，尤其是接受过学军教育的学生和家庭。学军的教师爱生如子，我们认为这是教师最为基本的职业道德，这一点始终没变过。很多教师从早上六点半到晚上九点半都和孩子们在一起，每天每个班级都有老师在。这个"在"并不是指的一直在讲课，更多的是对孩子们的陪伴和引导。这个特点在学军中学也是尤为明显的。

陈志文：近些年，学军中学取得了非常好的成绩，这跟学校的师资水平是分不开的，请您介绍一下学校在师资队伍建设方面做了哪些工作？

陈　萍：一所学校的竞争力不在于"大楼"，而在于"大师"。这几年，学校在人才引进方面非常用心，每年都会多次组织团队到北大、清华、复旦、上交、浙大等高校设摊招聘。目前，学军中学教师队伍中，有10位北大、清华的优秀毕业生，还有3位正教授级高级教师，13位特级教师。这些名校高材生和名师们不仅给学军带来了名声，更使得教师队伍素养大幅提升，这些人才为学军的发展奠定了核心基础。

在外引的同时，学校还非常重视内培。在校内开展"启梦""筑梦""追梦""圆梦"计划，让优秀教师序列培训，梯队培养。

此外，人才用心引，还要用情留。我是省市两级的人大代表，也曾为杭州和浙江教育建言，内容都与教育行业引进高端人才有关；一个提案是《如何吸引更多高端人才从事基础教育工作》，还有一个提案是《关于提高教师待遇、建立杭州市教师公寓的建议》。我认为应该让更多的优秀人才加入到教育队伍中来，杭州应该深化教育体制改革，完善人才引进制度，提高教师待遇、建立教师公寓，让老师们能真正潜心教育！

陈志文：如果给您充分的时间，未来您希望把学军中学办成一所什么样的学校？

陈　萍：社会对学军中学及学校学生有高分期待，但我认为分数不是最重要的，也不能用学生考分或中考分数线定位学军中学。分数线不是学校追求的目标，我认为不仅第一第二很优秀，第三第四也很优秀。

对于学校的未来，我希望通过全校教职工的共同努力，让学军中学得到综合的发展。我对学军中学有以下期待：

第一，希望学军中学的孩子都是勤奋进取的。

第二，希望学军中学的孩子都有较高的学习品质和能力。

第三，希望学军中学成为一个大家庭，同事之间相亲相爱，师生之间教学相长、亦师亦友。无论是学生还是教师，希望他们可以在学军中学得到更好的发展，学军中学能够成为他们快乐发展的沃土。

第四，希望学军中学能够为社会培养更多的优秀人才。

总体来说，还是希望学军中学能够内外兼修，从学生家长、国家以及全社会的角度讲，能够培养大量优秀、全面、健康的人才。从学校内部讲，能为大家提供一个其乐融融的成长环境和发展平台，让大家都找到自身价值。

陈志文：您对自己有什么样的总结？您为什么会成为校长？您的优点有哪些？

陈　萍：我从事教育行业与我的家庭环境有关。我的家庭是知识教育情怀非常浓厚的家庭。我的外太公生活在私塾学习的年代，他在当地是一位非常有名的教书先生，我的父亲也当过代课老师。受家庭的影响，我从校门走到校门，大学毕业后就来到学军中学工作，我希望自己能够从一而终做教育。

我对自己也有几点认识。第一，我的思想很淳朴、很简单，要当好老师，要热爱本职工作，通过努力为学生带来成长和收获。我刚参加工作时，没想到自己能够做校长，那时的出发点就是上好每节课，把自己的班级带好，让每个孩子在成长的过程中不走偏，让他们把学习学好，让家长们更放心。我就是想用心去教每个孩子，做到爱生如子，甚至有时候宁肯耽搁自己的孩子，也不敢耽搁别人的孩子。当上校长后，我看得更远，想得更多，要为学校的发展负责，竭尽所能，把学校办好。

第二，我的性格刚柔并济。处理学校问题时总会遇到阻力或困难，但我始终认为只要守住原则，为学生负责，为学校发展负责，那就问心无愧，所以我敢于面对一切问题。

第三，我的心态乐观向上，能在庞杂的工作中调整好心态。学军中学现在是名校集团化办学，我兼着本校、分校、校区三个学校的校长职务，工作量非常大，但是我的心态特别好，总是很快乐地工作。心态很重要，从这些必须做的事情中找到快乐。

总的来说，我的特点一是大公无私，问心无愧；二是刚柔并济，敢于面对困难；三是善于调整心态，让自己累并快乐的工作。

>>> 邵志豪

  邵志豪，男，1974年6月生，浙江宁波人，教育学博士，清华大学博士后，正高级教师，省级学科带头人，东北师大博士生导师，现任东北师范大学附属中学校长，十三届全国人大代表。

  国家教师教育咨询专家委员会委员、中国教育学会高中教育专业委员会常务理事、吉林省教育学会副会长、吉林省督学、吉林省享受省政府津贴专家，长春市青年联合会副主席。

邵志豪:基础教育要扎根基础,追寻教育的本源

一、教师要做教育家,不要当教书匠

陈志文：2017 年，您就任东北师范大学附属中学校长，应该是建校 70 年以来最年轻的一位校长。关于东北师大附中，您认为最突出的特质是什么？

邵志豪：东北师大附中创建于 1950 年，隶属于教育部直属高校——东北师范大学。在当年的附中成立大会上，东北师大的领导就提出要办成一所实验性、研究型的中学，这是我们学校最突出的特质和基因，定位很高，70 年来不曾改变。

实验性是指，要在第一时间对教育理论的研究成果进行实验，把东北师大附中打造成基础教育改革的实验基地。研究型是指，要用课堂教学中研究出的规律、原理，来指导基础教育实践。

2017 年，在实验性和研究型的基础上，学校提出建设学术型中学。这其实是对实验性、研究型办学特色的传承和凝炼。

陈志文：东北师大附中作为师范教育的实验基地，一向非常重视教师的培育，首任校长陈元晖先生就曾提出"附中教师要做教育家，不要当教书匠"的理念。

近些年，在中小学的教师招聘中出现了一种现象，一些中学高薪聘请

诸如清华、北大等知名高校的毕业生到学校担任教师。对此，您怎么看？东北师大附中在招聘教师时，是否存在这样的情况？

邵志豪：东北师大附中最近招聘老师的数量不算多，新招聘的老师都是知名高校的毕业生，大多是师范大学的毕业生，也有综合性大学的毕业生。我们的态度是积极欢迎。

第一，我觉得不断发展、开放的学校，需要多元化的教师结构。原来的教师团队都是师范类院校的毕业生，现在有很多优秀的综合性大学培养的一批优秀人才，他们到中学来承担教育教学任务，这对教育教学的高端改革肯定是有好处的。教师团队学缘结构的多元化，有利于教师团队水平的提高，也有利于学校综合水平的提高。

第二，知名高校的毕业生愿意从事基础教育，我觉得这是幸事，是好事。对于想在某方面有造诣的中学生来说，能找到一个引领他学习的导师，这是社会的一大幸事，也是社会的风尚，说明教师这个职业被越来越多人认可。

虽然总的来说是好事，我也持欢迎的态度，但是也要理性的对待。这种理性的核心就是校长要让"知名高校的毕业生到学校担任教师"这件事有意义。

一方面，学校所选择的这些名校毕业生是否真正地将教师这一职业作为自己内心选择的终身理想；另一方面，学校是否能够为这些名校毕业生提供展现才华和实现价值的平台。如果学校拿招聘名校学生当老师作为噱头来宣传，或者名校学生为了赚高薪和拿教师这个职业当跳板，这事就没意思了。

陈志文：对于未来想要从事教师这一职业，目前就读于非师范类名校的学生，您有些怎样的建议？

邵志豪：第一，优质大学的毕业生如果想做教师，应该早一些立下志向，不要因为找不到工作才去做教师。教师这个职业应该是一开始就有志向去做，而且希望一直做下去的，不能等学校解决了户口、拿了钱、分了房子就不做老师了。这样不只是浪费人才，而且还占了那些真正想当老师的人的就业机会。

第二，鼓励优秀的本科毕业生先到师范大学读完硕士或者博士，用两三年的时间把教育教学的方法规律、与人相处的能力以及学校管理理念补齐，之后再到中学当老师。这样就可以成为一个既有宽厚的学科基础，又有教育教学方法，并且经过了专业训练的复合型高端人才。

第三，我觉得，一方面可以鼓励高端的综合型大学办教育学院，另一方面可以鼓励师范大学办本硕博或者本硕连读项目，让学生的学科积淀再深厚一些。

从我的经验来看，雄厚的学科知识基础和扎实的教师专业知识都是一名优秀教师必须具备的。因此，对于未来想要从事教师这一职业，目前就读于综合性大学的学生，我的建议就是充分发挥学科知识基础的优势，尽快补齐教师专业知识的短板。

陈志文：对于已经走上教师岗位的年轻人，如果让您给出一些建议，您觉得最主要的是哪些？

邵志豪：我给年轻教师的建议，主要有三点：

第一是坚持。做教师如果想出成绩，不是一天两天的事情，而要用一生去努力。教师是通过服务对象来成就自己的一个行业，而服务对象的成长需要过程。如果你是小学老师，要等学生长大成人，步入社会并成为骨干的时候，才能反映出自己的成就，这可能需要 30 年的时间。很有可能，还没看到自己教的学生究竟成长为什么样子，你就已经退休了。所以，当老师，一定要坚持，这是第一位的，不要被眼前的成绩迷失了自己坚持的方向。

第二是抓紧研究和创新，尤其是面向未来的研究。教育教学肯定会发生很多变革，要做一个主动引领变革的人，不要被动改变自己。未来，教师的研究创新要基于课堂，中小学老师的根在课堂，如何把课堂教学研究好是核心。所以，年轻老师一定要本本分分地做好课堂教学，课前备课、课堂上课、课后指导，这三个环节不能耽误。

第三是具有无私奉献的精神。老师是成全别人的事业，成全别人才有可能成全自己，有时还不一定能够成全自己。这种奉献不仅仅是在时间上，更多是情感上的奉献。

陈志文：这也是教师这一职业的情怀。

邵志豪：我们平时讲的师德师风，其实核心就是奉献。当一个老师甘于奉献的时候，就是崇高伟大的；当一个老师愿意把自己的生命和所有的爱投入到孩子的成长过程中时，就是我们说的最美的人。

二、人的成长是一个不断修复，追求完美的过程

陈志文：东北师大附中在北京有一所与朝阳区教委合办的学校，这让很多人很意外。因为北京的教育水平在全国来讲是很高的。除了东北师大附中，那段时间北京引进了一批名校，您怎么看待这件事？

邵志豪：差异永远都存在，北京基础教育的布局也存在很大的差异。引入各地历史悠久的名校资源来支持北京的基础教育，我认为有两点益处。

第一，使得北京基础教育的发展更开放，更多元。引入的这些名校普遍具有很强的优势和很鲜明的特质，也拥有很深的历史文化积淀。

第二，为加速北京基础教育优质均衡发展，提供了更快捷的服务。在一所学校的早期发展阶段，名校注入的品牌理念以及优秀团队，能大大缩短起步的时间。

对东北师大附中来说，则如同打开了一扇窗，为学校多元化发展提供了另一个途径，也是一份荣耀。

2010 年签约筹建，2012 年正式招生，东北师范大学附属中学朝阳学校已经走过 8 个年头了。这是一所完全中学，面向城郊居民子女，全寄宿

制，学生从初一开始进行自我管理，家长很欢迎。

这所学校传承了东北师大附中的核心教育理念，强调全面发展的素质教育，也传承了东北师大附中的办学理念，不仅服务于基础教育，服务于解决周边居民孩子的入学问题，还开展了很多教学实验与研究，还有教师的校本教研等。

陈志文：现在有些专家认为寄宿制学校对于孩子的性格、心理等方面会产生不好的影响，对此您怎么看？

邵志豪：这个问题仁者见仁，智者见智。东北师大附中校本部位于长春市的商业区，周围集中了很多学校。由于空间有限，学校食堂的面积也有限，所以中午校门是完全开放的，学生可以回家吃、在校吃，也可以自己去外面找地方吃。这就为培养学生的视野、社会适应能力、自我选择能力以及自我约束能力提供了空间，变成了一门课程。

寄宿制和走读制有各自的好处，关键是学校的育人理念和育人方向。寄宿制让学生有了与同龄人一起过群体生活的机会，走读制让学生增加了接受家庭教育的机会。在东北师大附中朝阳学校，我们实行"5+2"的管理模式，每个星期学生有两天必须回家，可以说是寄宿制和走读制的一种融合。

陈志文：我个人觉得，对于大多数中国孩子来说，可能更适合寄宿制。首先，这样可以有效地解决职工子女学习的物理环境问题。其次，目前大部分的家庭只要孩子回家，基本就是非常"6+1"的模式，寄宿制的校园环境可以让孩子去标签化。

邵志豪：目前，我们社会中确实存在家庭教育缺失的现象，如果是这种情况，孩子不如在学校。但是有一点需要注意，那就是家庭教育的问题要从家庭中解决，而不能成为寄宿制优劣的标准。

陈志文：很多家长欠缺家教常识，加上一些所谓专家的误导，容易出现问题，而寄宿制可以杜绝这样的现象。再者，寄宿制封闭的校园环境对于孩子的社会化成长更有利。

邵志豪：我还有一个观点。现在我们经常讲，培养人要家庭教育、学校教育、社会教育三位一体。我认为还有第四位，即自我教育，应该是四位一体。人的自我教育其实很强大。

早期的家庭教育会决定一个人未来的性格、处事风格等。随着年龄的增长，我们会离开家，家庭教育的影响会逐渐减弱，但是家庭教育的积淀后续会在自我教育中显现出来。

学校教育对人成长的影响则是一条波浪线，很小的时候学校教育对孩子成长的影响不大；走向社会后，学校教育的影响也会减弱；中间这段时期学校教育的影响最为明显，高中是学校教育影响最大的阶段。

高中时期，正是学生掌握学科基础知识和素养，形成人生观、世界观、价值观的重要阶段。高中3年的学校教育会对他们未来走向社会后的为人处世方式、性格、气质、思维方式等留下很深的影响。在这一阶段，家庭教育对学生的影响呈下降的趋势，社会教育的影响在逐渐上升。

陈志文：没错，高中3年也是青春期的后期，是非常重要的时间点。

邵志豪：对，这是学生成人之前的最后一个阶段，如果学校教育可以给孩子更适合他的教育，对其以后的发展影响很大。

陈志文：有人认为寄宿制会给孩子带来很多负面的影响。人的成长必然会经受各种磨难或者失败，人的成长过程就是一个不断修复的过程。这和您刚才说的最后一点是有关联的。

邵志豪：没错，是一个不断修复，追求完美的过程。

陈志文：寄宿制恰恰可以让孩子在成长过程中提前体验一些挫折或者磨难，因此，他们比同龄人可能成熟得更早，成长得更快。

邵志豪：没错，寄宿制的学生往往更成熟，自我管理能力更强，但是家庭教育在学生的情感和个性培养上有不可替代的作用。

陈志文：一般一个宿舍住4到6个人，他们必须考虑别人，这其实是更真实的社会环境。

邵志豪：其实，可以根据不同学校的情况，对课程设置、课堂教学、教学内容进行一定的改革。比如，寄宿制学校可以相应增加开阔学生视野的课程；非寄宿制学校可以相应增加培养学生协作以及提高自律能力的相关课程。

三、劳动是对人的淬炼，劳动教育培养人的整体素养

陈志文：您读大学时，应该是大约 30 年前了。回头看，您觉得现在的学校教育与您读书时相比，是否发生了变化？

邵志豪：我是 1992 年上大学，至今确实差不多 30 年了。我认为，对于中学教育来说，真正的核心没有变，过去和现在都在强调全科教学，全面提升，个性发展。过去可能更落地，更风俗化，更有地域特色；而现在，形式更丰富、更高端了，比如校本选修课、社团活动等，但同质化比较明显，缺少了些地域特色。我们应该思考如何抓住本土特色，与乡土情结相结合，培养学生的家国情怀、奉献精神以及担当意识。

1989 年至 1992 年，我在宁波一个镇上的一所农村高中读书，全寄宿，晚上不上课，但是有晚自习。我印象最深的是，老师要求我们每天写练笔，每天 1 篇，一周 7 篇，其中的三四篇必须自己写，剩下的几篇可以摘抄，由老师进行点评。那时的高中也有兴趣小组和体育活动，课程量不是很大，这一点与现在的高中正相反。

陈志文：2018 年的全国教育大会再次强调了劳动教育。我比你大几年，记得我们读书时，劳动是一件很平常的事情。但在过去一段时间，我们虽然一直在讲德智体美劳全面发展，对"劳"的重视程度却一直不够。

2019 年的高考全国 I 卷语文作文题目是"写一篇提倡劳动的演讲稿"，我认为这本身就是一堂非常生动的劳动课。对此，您怎么看？随着时代的变迁，劳动教育发生了哪些变化，我们又该如何落实劳育？

邵志豪：我们学校申请了一个劳动教育项目，是全国为数不多面向中

小学劳动教育的社科基金项目。另外，我们还有一套完整的劳动教育课程体系。

劳动的含义，我觉得这几十年来已经发生了很多变化。

第一，由以前理解的体力劳动变成了整体劳动。20 世纪八九十年代，我们的劳动教育是让高一学生去农村待一周，干农活，住大通铺。但现在已经没有这个条件了，农村已经实现了机械化，不需要太多劳动力了，去了反而是给别人添麻烦。这反映出，劳动已经由简单的体力劳动上升为一种多元化的创造性活动。

第二，由基本的生存式劳动变成了发展式或创造性的劳动。我们原来的劳动课程比较少，主要以打扫卫生、扫雪这类最基本的生活保障类劳动为主。现在我们学校开设的劳动课程包括了厨艺、STEM、雕刻、科技创新、AI 等新课程。

第三，劳动更多地成为了面向脑力思维的劳动，创造未来的劳动。

所以，在这个时候再次提出劳动教育，我认为有三点要更加重视：一是多元化；二是合作意识，未来更多的是需要大家共同完成一些伟大创想；三是尊重别人的劳动，新一代青少年，他们的物质生活条件非常优厚，容易导致他们不懂得珍惜别人的劳动，如果缺少对劳动成果的认可、热爱、维护，就可能失去创造劳动成果的精神。

陈志文：您讲得非常好。劳动的过程实际上是淬炼的过程。我担心的是把劳动教育标签化、简单化。随着时代的变迁，劳动的含义已经发生了翻天覆地的变化，过去的劳动可能就是种地，现在的劳动可以以各种形式存在。

邵志豪：现在的劳动教育也承载了智育、德育、美育和体育。东北师大附中有个车队，由学生自己设计制造汽车，看谁的车用一升汽油跑的距离最长，有位学生的车跑了 266 公里。我们并不要求学生一定要取得什么样的成绩，我觉得这是对学生的一种全方位培养。

我们学校组织了一个展览，很有意思，把《清明上河图》按照一定比例做成实物。2018 年，我们有 400 个学生利用中午的时间做了四分之一，

2019 年又做了四分之一，孩子们计划 3 年完成。

《清明上河图》中有数百个人物，各不相同，之所以要 400 个学生捏泥人，是为了让泥人的表情多元化。我觉得，这既是一个劳动的过程，也是美的创造过程，更是在传承中不断个性化的过程。所以我说，现在的劳动教育承载着对人的整体素养的培养，不是简单、狭义的劳动。

陈志文：您怎么看待减负？

邵志豪：首先，要清楚减负是减什么。面向考试的重复性、低效率训练，这是要减的。但同时，我们还要增负。我们培养的是能担当民族复兴大任的时代新人，就要有使命担当、有理想、有本领，小时候怎么能没有负担，每个人的成长都是负重前行，肯定要有负担的。

其次，由于时代的不同，我们可能要减去一些东西。比如，现在学生可以用洗衣机洗衣服，不用像我们小时候那样得手洗，减掉了重复性的体力劳动。但相应地，现在的学生社团活动多了，看书多了，英语水平提高了，听的学术报告多了。每个时代的减负和负担都有时代的意义，不能简单地理解减负。

我的建议是，减少重复性的学科知识训练，增加思维训练；增加实践活动，增加德育、体育、美育和劳育；减少重复的说教，让学生在社会实践中增强对自我的认知和自我担当。

陈志文：我非常赞同您刚才讲的，学生必须要有负担，减负不能追求绝对简单的轻松。人的成长不可能轻松，学习是世界上最苦、最累，也是最幸福的事。习近平总书记在 2018 年新年贺词中强调，幸福的生活是奋斗出来的。

四、为党育人、为国育才，民办教育要回归初心

陈志文：现在，以上海为代表的长三角地区出现了大量私立小学、

初中，而且老百姓的评价都非常高。您怎么看待这种"国退民进"的现象？

邵志豪：我觉得无论是公办教育还是私立教育，都是国家的教育，何必去谈孰强孰弱。如果没有私立学校，全都是公立学校，也会出现强弱差异；如果没有公立学校，全部是私立学校，同样会出现强弱差异。我认为，两者在办学的体制机制上有区别，但都要符合国家的教育政策。

陈志文：好学校如果都是私立的，就会导致一个比较敏感的问题，金钱会成为能否读好学校的一个标准。

邵志豪：没错，所以要回到办学的初心和使命上，也要显现出我们社会主义办学的优越性。人人都能享受更加公平、更有质量的优质教育，这要靠国家、靠政府来实现。

从学生成长的角度来说，每个人都是平等的，都应有相同的发展机会，简单的以家庭情况划分差异不可取。但在某种程度上，我们现在确实存在一些问题，比如学区房，给政府提出了一个特别大的难题。

从政府的角度，我觉得应该思考以下几个问题：第一，如何推进更多优质学校的供给侧改革；第二，如何引导教育评价；第三，基础教育是否应该有统一的要求和规定。

我国教育的核心还是要回到公平公正。至于办学体制，我觉得国家也是支持民办教育的，一定要符合国家的总体标准和要求。

陈志文：现在我们讲"公民同招"，有很多私立学校认为这是违规的。

邵志豪：为什么是违规呢？政府制定了"公民同招"政策，这就是规则。我们应该思考"公民同招"是否回归了教育的初心和本质，思考民办教育的初心是什么。

我觉得民办教育可能已经到了一个变革期，要回归初心。无论如何，教育的核心价值还是要定位在培养人，为党为国培养人，这个逻辑链条是很清晰的。

民办学校的校长应该问清楚自己，为什么要办民办教育，是否是为党育人，为国育才。初心回答好了，我觉得是可以的。

陈志文：2018 年修订的《民办教育促进法》中明确提出了营利性和非营利性的分类管理办法，非营利的民办教育机构将会享受更多的优惠政策。但到目前为止，分类管理还未落地。目前很多民办学校是盈利的，但是也在享受很多优惠政策。

邵志豪：民营资金肯定是要追求增值的，这无可厚非。但教育是很特别的事业，就像医院这类民生保障部门一样，应该由国家主导，要回归到社会主义办学体制上来。

陈志文：我觉得，国退民进的现象从根源上来看，是择校、减负政策的实施在一定程度上把公办学校限制住了，而民办学校则放开了，比如，在招生问题上。当然，民办学校的发展，不能抹杀老师的作用，但核心是生源，拥有最好的生源自然就变成了好学校。现在的治理措施就是从生源上入手，所以出台了公民同招，公办、民办公平竞争，我认为这是没错的。

我们要思考国家为什么出台"公民同招"的政策？现在有些民办幼儿园 1 个月的学费已经超过了大学 1 年的学费。民办教育走到了这个程度，需要加以限制。

邵志豪：费用太高也导致了人民的不满意。

陈志文：虽然目前"公民同招"的政策还不完善，还存在瑕疵，但我们需要从根本上去思考这个问题。

邵志豪：随着时代的发展，我们的教育应该进入一个重新改革的时期。每个时代的政策都有其存在的原因，也需要随着时代的发展进行调整。

这个时代人口变化的最大特点其实是人口结构在变，原来的人口结构是靠自然增长来改变的，是可以预测的；而在如今这么开放的社会，人口又是流动的，人口结构更多是靠机械增长来改变的，城市的人口结构很有可能瞬间变化，是预测不到的。

但教育的发展需要过程，很难快速适应社会人口结构的变化，然而随着政策的开放，我们也越来越注重以人为本。就导致有时候会出现一些偏差，因此，及时调整政策是必须的。

五、谈发展中的问题，期待基础教育不断优化

陈志文：从您的角度看，我们的基础教育目前存在哪些问题？

邵志豪：我国基础教育是在一直不断发展的。关于发展中的问题，我们可以从纵向和横向上来进行分析。

纵向来看，我觉得基础教育阶段标准化的选拔性考试越来越多，比如，幼升小、小升初、初中升高中、高中上大学，每一段都有标准化测试。这导致一个人成长的自然规律被学段给隔断了，出现了幼儿园的小学化，小学的中学化等现象。

陈志文：我们读书时也是段段清，小学升初中筛掉一批人，初中升高中筛掉一批人，高中上大学也要先预考筛掉一批人，最后一部分人才能参加高考。但与现在的情况也是不同的。

邵志豪：原来的教育是不断筛人，但现在的教育是普及化的。在教育普及化时期，我们要考虑是否能让人的成长衔接的更连贯一些。我觉得，这种段段清的方式，导致了基础教育阶段功利化的学习和选拔，也使教育走向了追求成绩和分数的极端。

陈志文：对于这个问题，您的建议或者解决办法是什么？

邵志豪：我认为，越是低年龄学段，越应该贯通培养。小学可以是六年制，为什么中学不能实行一贯制，到高中毕业时再进行严格的选拔考试？我们不评价哪种方式的对错，但可以通过实验来做一些探索。

陈志文：也有些人提议调整小学、中学的学制，认为现在小学6年的知识其实四五年就可以学完，没必要学6年。您怎么看？

邵志豪：我在这方面比较保守，学制起码要保持几十年的稳定。如要进行调整，就是一个大的政策调整，是一场大变革，涉及到课程结构、教材体系、评价体系等方方面面。

小学的学习内容是课程结构、课程内容改革的问题。学制影响课程结构，但不能本末倒置，如果为了课程结构而去调整学制，就是本末倒置了。从全世界范围看，基础教育的学制基本都是 12 年，但学段不太一样。

陈志文：那么，我还有一个疑问。我们新高考改革、中考改革都在强调学生的自主选择权，导致学生从中考开始就出现了偏科现象，这是否与我们大学强调的通识教育产生了一定的冲突。

邵志豪：也因为此，目前很多大学正在向高中延伸，高中也在向大学努力，这也是一种衔接。比如，有些大学的本科生院、书院制，学生们会先上一些通识课程，更像高四。而很多优质高中也为学有余力的高中学生开设了一些大学先修课，我们学校就开设了 13 门。对于选科的问题，因为现在已经实施了，所以大家的评价或者提出的观点是具有指向性的。

我的观点是，基础教育还是要扎根基础，可以从三个方面来说：一是做人的基础，二是学科的基础，三是未来学习的基础。基础教育应该更强调宽度和厚度的积淀，以全面培养为主，去功利化一些，在宽厚的基础上再进行个性化发展，像青藏高原一样，在雄厚的基础上，才有可能出现七八千米的高山。

从横向来看，我觉得不同地区间办学体制机制差异比较大。以班额为例，现在全国基础教育整体的班额还是太大，每个班 25、35、45 人可能比较理想。由于各个地区经济发展状况、教育财政投入以及师资力量培养等方面存在一定差距，导致还存在很多大班额、大学校。

陈志文：没错，我见过上万人的中学。

邵志豪：学校有多少学生，多大规模才是正常的、合理的、科学的，才能让校长的影响力影响到每一位学生？这是我们需要思考的。

我们可以算一下，小学阶段每个年级 6 个班，共 36 个班，每个班 35

人至 40 人，一所学校的在校生规模就超过千人；初中阶段每个年级 12 个班，每个班 40 人，高中阶段每个年级 15 个班，每个班 50 人，那么一所同时拥有初中和高中的学校在校生总数就接近 4000 人。

考虑到中国国情，我认为一所中学理想的在校生规模应该是 2000 人左右，每个年级有 10 个左右班级，每个班级 40 人左右。

如果可以实现这个规模，国家在教育投入、师资配备等方面可以规划得更科学、更规范。当学校学生特别多时，一般都会采用标准化管理，这样效益更高一点，但个性化就会减弱，这也是导致同质化的根本原因。

基础教育存在的第三个问题，也是最微观的问题，就是我们的课程改革如何变为教师课堂教学的行为。我认为有两点：一是需要时间；二是教师的培养，教师课堂教学的落地。

1996 年，我大学毕业走上讲台上课，当校长后也在教课。这些年来，我觉得，一线教师课堂教学的变化还是很大的。

一是学生在变，学生的知识结构、文化背景以及成长年代在发生变化；二是课程标准、教材、课程内容以及考试在变，比如高考，考试内容和呈现方式彻底变了；三是教育行政管理部门和学校的管理也在变，这种变化没有轰轰烈烈，更多的是润物细无声的变化。

六、面向未来，中国教育发展的"变"与"不变"

陈志文：目前有很多流行的教育理念，比如未来教育。您如何看待这些教育理念？

邵志豪：理念是教育者在对教育本质理解基础上提出的一种"教育应然"。这些理念其实并没有离开教育最本源的东西，即"培养什么人""怎样培养人""为谁培养人"，其核心是爱与尊重。培养学生就要热爱学生，热爱教育事业，热爱自己所教的学科，热爱每天从事的工作。而爱的践行就是尊重，尊重学生的主体地位，尊重学生的成长规律，尊重教学规律，尊重学科的学习规律。

从育人的角度看，其实是万变不离其宗，只是不同时代诠释的符号不一样，或者是落实的路径不一样。

陈志文：对未来的中国教育您有哪些建议？

邵志豪：我觉得未来中国教育的发展有"不变"和"变"。

"不变"的是，人永远是教育的主体，育人的本质永远不变。不变的永远是人内心的自律、自觉以及自信，是我们对世界的热爱、对自我的约束与管理。

"变"的是，教育的内容与形式，这两者永远都处于变化中。世界会越来越开放，越来越扁平化，人与人之间的时间差距会越来越短，知识更新的速度会越来越快，基础教育教学内容的更新速度也会越来越快。

因此，我认为，教师角色的变化是未来教育的核心。那么，应该如何迎接变化？

第一，教师自身要不断地更新知识。以前，教师的教龄越长，可能在教学中就越有优势。而现在，谁在纵向上掌握的知识越多，谁在教学中就越有优势。

第二，教师要有开放的思想和理念，不仅是学校与学校之间物理空间的开放，更主要的是与学生之间的开放。教师不再像以前一样只是传授者，学生也不再是被动的接受者。以后，师生之间更多的是一种平等、相互的教学关系，教学相长越来越重要。

再者，我们正处在网络智能时代，教师要与计算机网络开放对接，不能故步自封，认为自己就能决定未来的教学。现在很多学生已经开始在网上购买课程、教学内容，以后会越来越开放。当然这会产生很多问题。比如，谁来管理，爱国主义教育、思想政治教育、国民素质教育该怎么办？再比如，未来，当学校变成一个非物理空间时，学生不一定到学校来上学了，我们该怎么办？这都是我们必须要面对的。

陈志文：现在也有些专家认为，学校这种形式在未来将不存在了，您怎么看？

邵志豪：这要回到教育的属性和体制机制问题，我们的教育还是国家的教育，这是不变的。国家的教育应该国家来办，这是基本要求，学校也就应该有物理空间存在。

陈志文：我觉得这个观点忽视了很重要的一点，学校教育不只是传授知识，更重要的是育人。人的成长是个过程，不能压缩。

邵志豪：在开放的未来教育中，跨年龄段的同伴在一个空间里共同生活、学习，可能是获得智慧的最有效途径。在以前知识开放程度比较小时，跟着老师或者课程体系学习就可以了，而在以后，通过人与人之间的交流沟通进行学习，获得的东西会越来越多。

也有人提出，课堂其实是一个场，是有能量传递的，通俗一点讲就是教室里是有氛围的。如果我们不是面对面地在一个物理空间里，就不会有思维的碰撞，感情的流通和言语的表达。就像我们今天进行的这次采访，为什么要面对面，而不是用电话采访或者网上采访呢？人是在不断重构自己的，面对面谈话所产生的影响更深刻。

陈志文：面对面的交流是无法替代的。

邵志豪：是的，这也是现在很难改变传统课堂的核心原因。

陈志文：我们现在有一些专家给不懂教育或者说不在教育行业的人造成了一种错觉，觉得好像最好的学校已经不再是传统的授课模式。

邵志豪：现在国外最先进的学校，最优质的高中，还是以教师讲授为核心的。我们不要回避教育的本质属性，就是经验的传承。面对新的知识，无论多优秀的孩子，最高效的学习方式是听别人讲，最高效的记忆方式是讲给别人。

陈志文：我认为最高效的学习很多时候不是看书，而是向别人请教、读人。一个人可能写了100本书，但是他可以用半个小时讲清楚他的人生精华。

邵志豪：对。我有一位年轻科学家朋友，很忙。我问他，你平时是怎么学习的。他说，主要是听别人作报告，因为报告凝练出来的 15 分钟就是精华。当然，他是一个学习效率很高的人，已经有很厚的学术积淀了，所以能很快地吸收报告内容。像我们的教师培训，这么多年一直没有改变，最核心的还是听报告。

陈志文：学术界经常会组织学术研讨会，大家可以根据自己的需要去听相关报告。尤其是对于发展快的学科，如计算机学科，每年最重要的可能就是年度学术会议上的报告。

邵志豪：听报告是获取新知识最有效的途径。从某种程度上看，这也是听者和讲者共同提高的机会。讲者把这几年的研究成果凝练出来，听者则可以在这个基础上再去提高。

七、我热爱基础教育事业，永远不会改变

陈志文：您大学时读的是师范院校，专业是地理，当初为什么会选择这个专业？

邵志豪：我最开始想学设计。在当时那个年代，感觉能考上大学就行，不像现在有生涯规划。后来就被调剂到地理专业。

陈志文：您觉得学地理给您带来了什么影响？

邵志豪：我觉得是综合性的思维，不会出现极端，想问题会从正反两方面反复思考。我们国家地大物博，地域上的包容是国家长治久安的基础。地理在教育中的一个重要使命就是培养学生跨地域的包容性。

学地理，首先要认同差异的存在，尊重差异才是发展的道理，而不是去批判、去抵触差异。地理告诉我们，差异是基础，有差异性才会有综合性，才会有区域性。同时，地理也传递了人地协调的观念，人类要发展必须和环境形成协调共识。

陈志文：如果剖析一下您个人，您觉得自己有哪些特质？

邵志豪：第一，我是一个比较热爱自己所从事职业的人，所谓干一行爱一行。我热爱我的学科，热爱我的专业，热爱我的学生，热爱学校的老师，热爱我服务的学校，特别是热爱基础教育，这是永远不会变的。我愿意全身心地投入到教育工作中，愿意为之付出生命，这是我所坚持的。

第二，我非常务实，每件事都会细致化地落实。

第三，我比较自律，对自己的要求比较严格。比如，我既然给学生上课，那么我对自己的要求就是不找人代课，不缺课。

陈志文：校长是一所学校的灵魂，对学校的发展至关重要。从您的角度看，一名中学校长应具备哪些素质？或者如何才能成为一名合格的中学校长？

邵志豪：校长应该具备的素质可能有很多，但其实，一个是初心，一个是使命，有这两点就行了。

何为初心？

校长的初心就是为党育人，为国育才，培养德智体美劳全面发展的社会主义建设者和接班人，培养这所学校想要培养的人。

作为校长，要从宏观到微观，清楚地知道学校的培养目标到底是什么，无论多少年都不要忘记这所学校坚持的东西是什么，也可以上升为教育理念。

何为使命？

就是一定要担当起改革创新的使命，因为校长最大的任务就是如何发展学校。学校要发展，首先要发展教师，校长一定要做教师专业发展的助力者；其次要培养学生，校长也要做学生发展的助力者，把学校的所有资源都为培养学生所用，包括课程、环境等。

总而言之，我觉得校长所需具备的素质可以概括为"一核两翼"，核心是学校的育人理念，两翼是发展教师、培养学生。

陈志文：我觉得无论是校长还是老师，都应该站在自己的本职工作岗位上，不要忘记我们的初心和使命。

>> 严一平

严一平，毕业于上海师范大学生物系，中学高级教师，上海市名校长后备人选。1986年7月进入上海师范大学附属中学工作，2000年7月至2001年7月，曾在上海市实验学校挂职（副校长）锻炼。曾任上海师范大学附属中学学生处主任、校长助理、副校长、常务副校长，2008年2月任上海师范大学附属中学校长。

严一平：激发学生成长潜能　搭建多元化发展平台

一、"以学生为本"是教育永远不变的道理

陈志文： 2019年是新中国成立70周年，从您自己的经历来讲，您对这70年中国教育发展有什么样的感触？现在我们的教育还存在怎样的问题？

严一平： 我是20世纪60年代出生的，我们这一代人读书的经历，用一句话来总结就是，该玩儿的时候玩儿了，该读书的时候读了。也是因为正好赶上了不同的几个阶段。

目前，我觉得是社会对教育太关注了。家长往往在孩子很小的时候就让他们读太多书、培养太多兴趣，这不是孩子正常的自然成长过程。小孩子的天性就是玩儿，我们应该尊重这一点，然后到了该读书的阶段，他就会想读书。所以，我觉得，我们的教育首先要尊重人的成长规律。

未来，中国的发展更需要具备原创能力的人才，而不是模仿能力很强的人才。那么对教育来讲，就要保护孩子们的原创能力，不能过分强调分数，这是非常重要的。而原创能力不是在高中才拥有的，很有可能是在孩子三五岁的时候就表现出来了，很容易被认为是异想天开而被压制了。其实，保护孩子的好奇心很重要，发明创造都是从好奇心开始的。这可能需

要在教育的评价制度上进行一些改革，关注学生 10 年、20 年后做什么。

陈志文：现在基础教育领域的概念越来越多，前些年讲英美教育，最近两年讲芬兰教育，现在又讲未来教育，您怎么评价这些概念？

严一平：从教育本身来说，我觉得这都是一回事儿。所谓未来教育，就是把信息化融入到教育中来。但是我认为，无论如何，所有的技术从根本上来讲，都是为教育服务的，教育才是"本"。现在，有些教育概念把技术装备作为了最重要的东西，这是错误的。"以学生为本"，这是永远不变的道理。

陈志文：所有的技术手段，都应该首先是有利于学生们的成长。

严一平：对。无论教育做什么样的改革，都要有利于学生的成长和个性化发展。

我觉得对于学生的培养，最重要的是引导他们有自己的思考和想法，然后由他们自己去进行实施，这是教育最重要的环节，而不在于硬件一定要达到怎样的程度。事实上，我们现在很多中小学的硬件设施都非常的好。但是，如何使用先进的硬件设施去做好教育工作，却是最需要思考的问题。

陈志文：其实还在于教育的基本理念。就如当时的西南联大，在条件非常艰苦、所授知识也相对有限的情况下，还是培养出了很多大师，因为西南联大首先培养了学生的学习能力、思考能力和思辨能力等。

二、素质教育存在于教育的各个环节

陈志文：这些年，大家对素质教育与应试教育的讨论一直没有间断，您怎么看两者之间的关系？

严一平：我认为素质教育与应试教育不是对立的，传授知识和适当的考试都很重要。我们需要探讨的是传授知识的方法和考试的难易度如何更科学、合理，让知识活学活用才有意义。

陈志文：我一直认为，素质教育也存在于教育的各个环节，当然也存在于考试之中。

严一平：比如，我出一道关于基因的考题，如果我考某个基因工程名字，意义就不大，学生知道就知道了，不知道就瞎蒙，但如果我要求学生选择一个提高农作物产量的方案进行说明，这就不一样了。

陈志文：实际上，这是不同的考试理念。

陈志文：2014 年，上海新高考改革启动，您如何评价上海这一轮的新高考改革？

严一平：首先，这次改革从学生评价入手，这是对的。其次，我认为高考改革的关键是怎么考，需要关注学生的基础知识、基础能力，关注学生对知识的活学活用，重点还是在于考试本身，尤其是如何命题。我认为不应该出偏题和怪题。一味地追求试题难度，容易使教师授课出现偏差，增加学生的负担。对于高考改革来说，还是要更关注人的发展。

近几年上海的高考改革还是比较平稳的。从目前看，高考改革也不需要再做大的调整，只是一些科目的考试时间需要再探讨，考试时间跨度不必拉得太长。

陈志文：现在大家对"减负"的关注度比较高，您怎么评价？负担的来源又是什么？

严一平：我认为减负本身不是一个命题，或者说是一个伪命题。对一个人来说，负担重或者不重完全是主观的心理感受。一个喜欢游戏的人，打几天几夜都不觉得累。一个不喜欢学习的人，学几分钟就觉得是负担。

陈志文：从另一个角度看，负担是和期望值相关的，期望越高负担必然越重。但如果是学生喜欢做的事情，从主观感受来说，对他就不是负担。

严一平：是的。学生对于自己喜欢研究的东西，可以没日没夜、废寝忘食地搞，这就不是负担。

陈志文：我们应该是减去那些无效的负担。

严一平：对，非要强迫学生做自己不愿做的事情，或者说非要学生在自己没有天赋的事情上达到某个目标，这可能就是负担。

陈志文：在此基础上，也想跟您探讨另外一个问题，我们的基础教育非常强调均衡，但拔尖创新人才的选拔和培养就成了一个问题。您对此怎么看？

严一平：我认为，我们不能放大对教育功能的界定。第一，我们要搞清楚什么是拔尖创新人才；第二，哪些学校能培养拔尖创新人才。

陈志文：我总感觉，创新能力不是培养出来的。

严一平：对，可以说创新是一种天赋。

三、把上师大附中办成一所现代大学附中

陈志文：2008年，您就任上师大附中校长。10余年来，您给上师大附中带来了哪些改变？

严一平：首先是对学校理念或者文化的改变，上师大附中是一所非常人性化的学校，是一所不唯分数论一切的学校。从育人的角度看，每个孩子的潜能不一样，学校要为孩子提供一个多元化的平台，激发孩子各方面的潜能，让其得到更好地发展。

我们在探究育人的本质，但是，也要面对现实，还是要分数。但是我跟老师们讲，上课要有效率、做题要有效率，不能稀里糊涂铺天盖地地让学生做卷子。

陈志文：您来到上师大附中后提出要建立多元评价体系来评价学生，并提出建立"中学生成长包"，您是怎么考虑的？

严一平：如何落实学生自主发展，一直是学校在素质教育推进落实过程中的一道难题。我在上师大附中提出的"中学生成长包"，从引导评价

而开创了多元评价体系，使学生得以自主感悟行为规范；再从深化发展的研究型课程和校园平台，让学生得以自主选择。

我的这一想法最初来源于老师对学生的评语。学校对学生的评价实际上比较缺失，老师简短的评语有时候并不能反映出一个学生的实际情况，而且比较想当然，学生没有发言权，家长也没有参与权。我希望老师能把孩子平时表现好的地方或者发生问题的地方都记录下来并进行分享，能够对学生的成长有个过程性的评价，每个学生都有一个成长包。另外，我认为既然是学生综合性评价，那就应该突出学生这一评价主体，给学生和家长以话语权，学生可以进行自评，家长也可以进行评价。

"中学生成长包"结合学校办学理念，突出评价体系主体，围绕学生的自我诊断、自我设计和自我修正三个方面，囊括了各项主题活动，并侧重于注意学生自身发展和评价过程。例如，在红五月歌会、寒暑假社会实践等主题活动中，学生自己、同学、老师和家长都对学生们的表现给出了评语和寄语。

在学生评价体系运用之后，我们发现了一些问题，比如，学生评价过散，缺少评价标杆性。为此，我们做了一个课题——"中学生立体形象"，将评价从空洞的说教变为清晰地提醒学生反复思考自省。该课题涉及德智体美劳几个方面，模范的中学生形象应是从能力、智力到体力的合力发展，并规制各项"力"中的行为规范准则。如果说"中学生成长包"最初为学生发展性评价开辟了先河，那么"中学生立体形象"不但丰富了以往单一主题教育和学术成绩所搭建的平台性评价，还成为了标榜性的评价标准。

陈志文：未来，您希望把上师大附中办成一所什么样的学校？

严一平：我希望把上师大附中办成一所现代大学附中。一是有些大学预科的特点，尊重学生的兴趣爱好；二是让学生们对于科目的选择有更多的主动性。我觉得，让孩子们学会选择很重要。上师大附中提升实力的目标，就是为学生们提供更多的选择平台。

关于"现代"二字，我认为在教育领域有两层含义：一是教育必须走向国际，追求国际化，进行国际交流，适当引进并消化国际课程；二是信息化，一方面是丰富线上学习资源，另一方面是实现学校管理的信息化。

我也希望在教育的过程中推动知识的相互融合，这也是我们实行书院制的原因。目前，我们还在一个相对较浅的层次，分别打通了文史哲和理化生，但对有些学生，我更希望他们文理都能打通。我想在上师大附中为学生们打下知识融合的基础。

另外，我希望上师大附中的学术氛围浓一些，我希望我们的学生和老师都能朝这个方面去奋斗。我想，这也是我们学校的愿景之所在，至于能够实现到什么程度，是没有止境的。

四、校长既要提出发展愿景，也要脚踏实地地干

陈志文：您觉得，一名合格的校长需要具备哪些素质或者条件？

严一平：首先，要具备对学校发展前瞻性的思考，要为学校的发展提出一个愿景，我们要建成一所什么样的学校，否则大家都糊里糊涂的。我担任上师大附中校长的这 10 年，提出了两个五年规划。

陈志文：实际上是学校的规划或发展路线图。

严一平：对，提出愿景后还要脚踏实地地拼命"干"。首先，校长要带头深入一线，用实际行动去感染教师、感染学生，让他们感受到校长为了学校的愿景在尽心尽力地付出。

其次，校长要尊重人性，提倡人文关怀，这是管理的基础。无论是对教师还是学生，校长都要学会倾听，让师生感觉到校长很尊重他们、了解他们，这种尊重是相互的。比如，在相互尊重、相互理解的基础上针对教师工作的特殊性提出的弹性工作制。

陈志文：我特别明白您说的人性，就是互相站在对方的角度考虑

问题。

严一平： 对，这是相互信任和理解。最后是强调规范，要有规矩和底线。所谓没有规矩不成方圆，作为一所学校就更要有"规矩"。但我们的底线不一定很高，会给老师一个较为宽松的环境。比如，老师们可以在家里批改试卷，但是要把任务完成，如果完不成还出去玩儿了，那就是破底线了。

陈志文： 我觉得带队伍非常重要的一点，是要让下属对你信服，信任并佩服。

严一平： 这是一个方面。我经常跟人讲，校长这个职业是不可能做一辈子的，但教师这个职业是可以做一辈子的。我与孩子们在一起的时候，是最放松的。

陈志文： 您喜欢别人称您为校长，还是老师？

严一平： 叫我老师就行。这样，我就有底气，敢说话，敢为自己而活。如果有一天我不做校长了，我就去做老师。

陈志文： 您做校长 10 余年来，如果请您给自己打分，满分是 100 分的话，您会给自己打多少分？

严一平： 从目标实现的角度上，我给自己打 75 分，因为还有很多目标没有实现。校长的角色定位比较复杂，要讲一点儿学术，也要能找人找钱，还要会处理人际关系。

陈志文： 我觉得，您在做事上一直没有脱离一线，在做人上是从大家的角度考虑，尽量用信任进行宽松的管理，使得大家对您都有一种信赖。

严一平： 对，是信任和宽松。谢谢您。

五、家庭环境是影响孩子成长的因素之一

陈志文： 您从小在上海长大，是土生土长的上海人。您觉得家庭和小

时候的成长环境，对您有些怎样的影响？

严一平：我爷爷是做生意的，父母毕业于北大。我从小跟着爷爷奶奶在上海郊县长大，到五年级时才回到父母身边，我还有个妹妹一直跟在父母身边。小时候，爷爷奶奶不太管我，所以我从小独立性比较强，想干什么就干什么，没什么约束，这也养成了我现在的性格，习惯了一个人去面对。那时我们下午3点多就放学了，作业也不多，面对整个广阔天地大有作为，从小跟田地土壤打交道，我小时候所有的乐趣也都在于此。

陈志文：您小时候应该胆子很大。

严一平：是，想做什么就去尝试一下。1976年，我小学五年级时，回到了父母身边，那时候讲学工学农，也不怎么读书。初中时我进了上师大附中，"文革"也结束了，大家开始对学习非常重视，学习氛围非常浓厚。初二的时候，学校组织了一次考试，按成绩分班，我们那一届有九个班，我被分到了三班。父母得知后，跟我谈了一次，觉得我的成绩不是很理想，我自己也知道开始努力了，期末考试就考到了二班。高中也升入了上师大附中，作为市重点，当时我们那一届只有50多人考上了。

那时高中是两年制，高一我又放松了，高二时父母又跟我谈了一次，讲到读大学的事，我便开始努力，天天跟大学生混在一起。好处是能跟大学生随时讨论问题，不好的是大学生的业余生活很丰富，我多数时候也会跟着去。因此，我往往是晚上6点钟开始自习，8点多钟去看球赛。这也养成了我非常讲效率的习惯，因为必须在两个多小时里把所有作业完成。这个习惯到现在对我还是有影响的，我做事情时，要么就认真做，要么就不做。

陈志文：您大学时读的生物专业是您心仪的专业吗？

严一平：我们家是化学世家，我父母都是搞化学的，我妹妹也是搞化学的。我化学也还不错，也不用怎么复习，总能考80多分，是很喜欢的。但是我从小身体不太好，父母觉得化学接触的有毒气体比较多，就让我学了生物。所以，读生物是遵从父母之命。

陈志文：您觉得家庭因素对一个人的成长影响有多大？

严一平：我觉得，家庭因素对人的成长有影响，但是也要看机遇。

举一个我自己的例子。我大学毕业以后回到上师大附中当老师，在30岁时，学校的学生处主任年纪大了，要推选新的主任。但因为"文革"，学校的干部出现了年龄断层，就推荐了我。一开始我不想做，但当时潘校长对我讲附中需要我，潘校长是我中学时的数学老师，他既然这样讲，我就做了，我既然干了，就肯定要干好。

我现在对学校干部强调的第一件事，就是干。我现在还坚持上课，也参与命题和审题，是为了告诉大家，我这个校长是土生土长的，从未脱离一线，而且水平也不差。

六、家长要为孩子选择最合适的教育

陈志文：教育其实是多维度的，学校教育是一方面，家庭教育也是非常重要的一方面。您对家长们有哪些建议？

严一平：第一要把自己的孩子当"人"看，要尊重孩子。有些家长对孩子是物质上满足一切，但精神上要求很高，非要让孩子在学业上达到他无法达到的要求，这就是不尊重。第二要会倾听，学会跟孩子沟通，了解孩子的想法，跟孩子一起探讨他未来的人生，而不是一味地给孩子做各种规划。第三是通过孩子的言行关注孩子的心理变化。第四是营造健康的家庭氛围，为孩子树立良好的榜样。

陈志文：身教大于言传。现在家校关系有时会出现一些问题，从我的角度来看，有些问题的决定性因素是在家长身上，而不是学校。

严一平：这也是一个社会问题。现在学生在社会上发生了一些事情，有些媒体往往会曝光学校，这会让大家潜意识中认为是学校的问题。我觉得，媒体工作者应该注意一下这个方面。

另外，老师也要加强对学生心理变化的关注，心理学是教师的基本素养，要运用在平时的教学管理中，与学生和家长构建良好的沟通交流方式。与学生沟通时，要尊重孩子的个性，用适当的方式进行教育；与家长沟通时，要考虑到孩子的家庭情况、父母的工作情况，摸清楚父母的想法和要求。当然，老师也要把自己对孩子的判断和观察与家长进行沟通，必要的时候也要对家长的一些观念和目标进行矫正，老师有时候就是学生和家长之间沟通的桥梁，这可能是家校关系中最重要的一点。

陈志文：您怎么看"择校"现象，可以给家长哪些建议？

严一平：现阶段看，家长的择校心态还是非常严重的。上师大附中曾经举办过校园开放日活动，目的是让孩子、家长了解学校，同时学校也可以了解孩子，这是一个双向选择的过程。我建议家长首先要了解自己的孩子，再去了解学校，放平心态多方考量，为孩子选一所适合的学校，这是择校的关键。

陈志文：我很赞同。现在很多家长在择校时缺乏正确的认知和观念，很茫然，主要看得还是升学率或者是经费之类的。

严一平：对。但实际上，在上海，升学率现在很高，升学机会其实并不是最重要。与此同时，也要改变现在社会上的一些观念，要尊重各行各业的不同技术工种。

陈志文：这也是社会发展阶段的问题，我们国家还没有达到相应的程度，但也是有所转变的，比如服务员的薪酬开始涨了。

严一平：目前来看，我们还需要有一段时间来过渡。

》》孙先亮

　　孙先亮，1987年7月毕业于山东师范大学政治系，现任山东省青岛第二中学校长、青岛二中教育集团总校长，兼任山东省政协委员、青岛市人大代表。他曾获得全国先进工作者、国务院特殊津贴专家、全国教育系统先进工作者等荣誉称号。他是推动素质教育和新课程改革的坚定实践者、引领者。

孙先亮：为了学生和国家的未来，必须办好素质教育

一、素质教育既是青岛二中的追求，也是持之以恒的实践探索

陈志文：青岛二中已有 96 年的办学历史。在您眼中，青岛二中是一所怎样的学校？有什么特质？

孙先亮：在青岛人的心目中，青岛二中是一个神圣的殿堂，是很多学子非常向往的学校。青岛二中的特质可以用四个词来诠释：自主、开放、创新、卓越，这也是二中的教育品质。

自主，就是赋予师生以发展的自主权，实现学生发展、教师发展和学校发展的自主。

开放，就是以学校开放办学促进教育教学的开放。通过加强对外交流，在学校与外部环境的能量交换过程中，汲取和聚合各种社会教育资源，实现学生和学校的更好发展。

创新，就是不断以新的理念和方法，引导学校发展、激发学校活力，实现学校与时俱进的发展和超越。

卓越，就是让学校始终勇立潮头，成为基础教育的风向标，为学生最好的发展提供精神引领，以最先进的教育理念和教育模式培养卓越的"未

来人"。

这是学校文化的核心元素，也是每个教师和学生的精神品质与追求。

陈志文：青岛二中非常注重素质教育改革。作为校长，您是怎么理解素质教育的？

孙先亮：坚持素质教育既是青岛二中的理想和信念，也是持之以恒的实践探索。我希望青岛二中能够用素质教育的方式让学生自主发展、个性发展、全面发展，培养学生的思维能力、创新能力、责任感、领导能力等，为学生的未来提供最好的支持。

把每个孩子培养成为未来能够更好地适应社会环境，并且有很强烈的进取心和良好的事业发展的人，这是我们所期待的。学生的终身发展取决于我们今天能给他什么。

在推进素质教育的过程中，我认为：素质教育包括技能型素质培养和智慧型素质培养，对人的长远发展而言，后者更重要。素质教育以学生发展为本，以学生的人格完善、创新精神与实践能力为目标，通过创造良好的教育环境，让每个学生的内在潜能和发展需要获得最好的支持。

陈志文：在推动素质教育改革的实践中，青岛二中有些怎样的经验？

孙先亮：回顾青岛二中的素质教育实践，我有以下几个方面的体会：

第一，必须以素质教育为办学目标，以坚定不移地推进素质教育作为学校的发展使命与战略，保持发展素质教育的定力。

第二，要对学生发展的素质目标，进行符合教育规律和学校实际的设计。二中设计了"学生发展十项素质目标"，并创设与之适应的课程体系，使素质教育有抓手、可操作、可评测。

第三，以教学质量与效益提高为目标，持续推进教学改革，为素质教育创造充分的时间和空间。在课堂教学过程中，我们更多地采用创新办法解决学习质量和效率问题，让学生用较短的时间学习，提高获取知识的质量和效率。

第四，以个性发展为导向，创新素质教育的实施内容与方式，为学生的自主发展、个性发展、全面发展，不断注入素质教育的活力。目前，学校有160多个社团，有大量面向学生的学术研究课题，有20多个实验室为学生提供课程平台，还有各种各样的项目，引导学生在参与中不断提升能力和素质。学校高度关注每个学生的个性发展，而不是用一统的办法来解决他们的未来发展问题。

第五，创造良好的教育生态环境激发学生。通过由外而内的激发、由内而外的激发和内外结合的激发，实现学生的最好发展。

陈志文：对于升学教育和素质教育的关系，您觉得应该如何处理？

孙先亮：做了这么多年的教育，我认为二者并不矛盾。

一方面，二者都是学生发展不可缺少的教育，升学教育包含素质教育的内容，素质教育也并不否定升学教育，二者不能对立起来。

另一方面，二者的内涵不同，各自侧重点不同，没有升学，不要谈素质教育，没有素质教育，不要谈升学。校长的责任就是平衡好学生发展的素质教育和升学教育。

所以，我跟老师们讲，两手都要抓，两手都要硬。第一是必须抓升学，升学率下去了就没有青岛二中了，素质教育办得再好也没有用。现在，青岛二中的教学能够让更多的学生进入梦想的高校。第二是必须办好素质教育，要对得起孩子们的未来，对得起国家和民族的未来。

二、基础教育"减负"是非常必要的，但是要明确目的

陈志文：还有一个话题，几十年来一直都是基础教育的一个热点，就是"减负"。您如何看待这个话题？我们的中小学生是否真的需要"减负"，需要减哪些方面的负担，怎么减？

孙先亮：基础教育"减负"是一个由来已久的话题，之所以如此，

是因为以升学为主要目的、以知识学习为主要内容、以成绩为唯一评价标准、以大量重复训练、频繁考试为主要手段的应试教育，损害学生的身心健康、危害学生的发展兴趣、扼杀学生的创造才能，减负势在必行。

但是，由于受传统的教育观念的影响，减负在一定程度上受到了家长和社会的压力，因而很难持续推动。

我认为基础教育"减负"是非常必要的，因为过重的课业负担、重复机械地训练和频繁考试，让成长中的青少年健康受到了伤害，能力和素质得不到应有的培养，无法获得可持续的发展支持。

因此，减负就是要减去那些额外的没有意义的过重的课业负担，如简单重复的作业、大量的考试等。这些负担是没有意义的，但是却占用了学生很多时间，剥夺了学生的思考权、发展权，浪费了学生的青春时光，也让学生感到厌倦、焦虑，甚至失去了学习的兴趣。

减负，第一，要确立素质教育的理念，做有助于全面发展、个性发展和主动发展的教育；第二，改革传统的教学方式，提高课堂教学的效益；第三，搭建丰富的课程体系，激发学生的发展潜能，满足学生发展的需要；第四，"减负"的同时更应"增负"，即为学生创造更多兴趣与个性发展的机会，学生喜欢的教育内容，不会成为负担。

陈志文：但现在，大家对于减负的争议比较大，您觉得是为什么？

孙先亮：我觉得是因为大家没有明确减负的目的是什么。我认为，减负的目的是为了让学生的能力和素质得到更好的发展，所以要减掉那些不必要的课业负担。但有些内容是没必要减的，比如，一些兴趣课程，一些对学生个性发展有帮助的资源，一些学生需要参与的实践活动。

我们在减负的同时，不要让学生觉得无事可做，而应该让他们多做一些更有价值有意义的事情。减负，不能追求绝对的轻松，没有负担。

三、解决择校问题的核心，是要让每个孩子的发展得到支持

陈志文：择校也是当下的一个热点问题。对于择校问题的解决，您有什么更好的建议或者办法？

孙先亮：我国在教育发展初期，确立了一些重点小学、初中、高中，资源不断地向这些优质学校聚集，使得这些学校的教育质量确实比一般学校高一些。

当下，大家都知道教育很重要，关乎孩子的未来，家长们对名校趋之若鹜，这很正常。尤其是现在很多地方的学校发展还不是很均衡，所以择校是一种必然。

那么，解决择校问题的核心是什么？我认为，说到底是要把学校办好，让每个孩子的发展都可以获得很好的支持，让每个孩子的发展都是快乐的、健康的。

另外，现在我们总是用一个标尺去衡量教育，认为只要升学率高就一定是好学校，就得让孩子去这样的学校。其实在我看来，不是每个孩子都适合这样的学校。

让每个学校的教育理念和实践最适合学生的发展，在素质教育的发展上各具特点，这应该引起政府的高度重视。我们过度推崇升学率高的学校，有一个主要的原因就是很多学校没办出特色。我希望，政府能够着力支持学校特色发展和多元化发展，去吸引那些在某个方面确实有发展潜力和兴趣的孩子。

还有一点，我觉得在学生升学的问题上也不应简单地用一个标准衡量所有孩子。以新一轮高考改革为例，主要涉及的是选科问题，但我认为这不是根本，我们要解决的不是考试问题，而是选拔问题，包括选拔方式和标准。

陈志文：由于各种各样的原因，现在很多地方都出现了一些所谓的超级中学，一所学校每年考上清华北大的学生达数十人，甚至上百人。山东

是一个教育大省，而且生源质量非常好，但是在山东并没有出现超级中学。您觉得是什么原因？

孙先亮：总的来讲，这与山东省各地经济和教育发展的均衡度有很大关系。不同地域间的生源质量分布相对均衡，学校发展水平也相当，很难形成超级中学。另外，也与招生政策有很大关系，比如，有些地方的学校可以面向全省招生，但是山东不允许。

陈志文：没错。一方面，山东的教育底子比较好；另一方面，在治理上也还不错，没有造成优质教育资源的高度聚集。而且，山东的整体教师素养也不错。

孙先亮：是的，多种原因使得山东没有形成超级中学。

陈志文：目前，在长三角和珠三角都普遍出现了国退民进的问题，主要是小学和初中。最好的小学和初中几乎都是民办的，对此，您怎么看？是什么原因造成的？

孙先亮：在青岛也出现了这种情况，究其原因，我认为主要是前几年我们在民办教育的政策上出现了一些问题，尤其是招生政策。

民办学校可以通过自主选择的方式来招一些优秀学生，但目前许多民办学校的教育质量、师资水平、教育环境并不好。

在"国退民进"的问题上，我觉得国家下一步需要加大政策调研和设计力度，做好相关规范。出现问题要解决问题，而不能因噎废食，有些地方现在取消了民办小学、初中的申请权，我认为这是不正常的。

陈志文：实际上，政策应该解决的是让所有学校在同等条件下进行竞争。

四、政治课教师要有丰富的学识，教学过程要知行合一

陈志文：您1983年上的大学，学的是政治，此后成为一名政治老师。

坦率地讲，我认为在中国做政治老师非常具有挑战性，两极分化非常严重，做得好的人比较少。您觉得原因是什么？

孙先亮：我选择政治教育这个专业是比较偶然的。现在，在人们一般的观念里都觉得，政治课是小学科。有些学生喜欢政治课，有些学生觉得政治课就是死记硬背，所以不喜欢。我认为，学生是否喜欢上政治课，与老师如何教有很大关系。

想真正教好政治课，老师必须有丰富的学识，必须能提供更多真正能开阔视野的内容，尤其不能照本宣科，只有这样学生们才可能愿意听。

我那时候上课从来不带教材，也从来不划重点，但学生们就是喜欢听我讲课。那是因为我准备了大量资料，让孩子们获得了很多课本之外的东西。

陈志文：我们国家对意识形态是很重视的，在中国教育上有两条红线，一条是公平正义，另一条就是意识形态。我们教育的定位也很清晰，是要培养社会主义建设者和接班人，而政治课是很重要的载体。

但目前来看，我们政治课的质量亟需进一步提高，尤其是老师的教学水平。对此，您有什么建议？

孙先亮：是的。如今的政治课，我觉得最大的问题就是脱离实际，老师讲的道理和现实生活是脱钩的，很难让学生信服。我们说，"亲其师，信其道"，学生如果对老师不信服，老师也没法对学生亲近。

想教好政治课，第一，就是老师的教学要精彩，要有大量与现实相结合的内容。第二，老师在政治课的教学过程中要知行合一，不仅要让学生"知"，还要让学生"行"。"行"就是去研究，让孩子做出独立的思考和判断，要给学生运用知识思考问题、进而指导自己行为规范的机会，这样孩子们才能觉得老师讲得是有价值的，对自己的成长发展是有帮助的。

思想政治课会影响学生的人生观、价值观和世界观，不能只是被当成知识去记忆，而应该让学生们通过不断地实践，真正认识到一些范例、标准、约束条例或行为规则，这样才能成为有效的教育。

陈志文：我觉得这是您可以成为一位优秀的政治老师的法宝。我们进一步聊聊德育教育，您认为，学校应如何做好德育教育？

孙先亮：德育工作是立德树人的首要任务。学校德育的内容都是确定的，关键是育人的时效性和针对性。因而做好德育，非常重要的是进行德育创新。

我始终认为德育是学生自我实现的过程，是每个学生内心自我完善和发展的内在需要，所以做好德育工作，三个路径非常重要：一是反思性德育，即确定教育反思内容，让学生通过日反思、周反思和学段反思，培养自省意识和养成良好的行为习惯；二是自主性德育，让学生通过自我教育、自主管理、自我锻造、自创社团、自主学习与研究等方式，增强自我发展意识和品德素养；三是实践性德育，通过学生更多的实践活动，不断获得更多的体验感悟道德情感的机会，培养责任感、创新素质、合作意识等高层次品德素养。这些方式都是让学生在行动中潜移默化地接受到磨炼和熏陶，达到自觉自律和德育素养的内化于心。

陈志文：我接触到的很多中学校长是学物理、数学的。据我观察，学数学的人思维特别严密，学习力很强；学物理的人理论体系比较系统，比较完善。您学的是政治教育，这个专业对您有什么影响？

孙先亮：从严格意义上来讲，无论哪个学科，在教学和研究达到很高的程度后，其思维品质的差别并不是很明显。我非常庆幸当时学了政治教育专业，因为它对我的思维产生了很大的影响。

一是让我对人性有了更好地理解，特别能够理解和尊重人。在教育实践中，尤其是在面对学生的时候，这一点特别重要。二是考虑问题时比较注重宏观思维，注重大格局、大战略上的一些思考和设计。三是能够辩证地看待问题，进行全面思考，不会钻牛角尖。

五、真正理解和尊重学生的个性，采用差异化的评价标准

陈志文：从教 30 余年，站在您的角度看，现在的孩子和以前的孩子相比，有哪些优点，又有哪些不足？

孙先亮：我觉得现在的中学生思维很活跃，能力素质、创新意识都很强，容易接受新的事物，他们的理念和价值观会不断地发生变化；他们也都很有礼貌，文明素养非常好，对他人、对社会的爱心和责任感是比较强的。

但是也存在一些问题，由于大多是独生子女，有些孩子比较自我；另外，受社会大环境的影响，有些孩子在与人相处时功利性比较强，大格局上有些缺失。

陈志文：在家庭教育方面，您觉得，现在家长对孩子的教育是否存在一些问题？

孙先亮：家庭教育在学生成长中是第一阶段的教育场，具有重要意义。杜威说，家庭生活是教育的中心，并且从某种意义上说，它为每个教育机构提供了模式。

我觉得，现如今很多家长对于孩子的教育确实存在一些问题。主要是家长的功利性太强，过于看重分数和成绩对孩子的影响，不能很好地尊重每个孩子发展的个性诉求和兴趣追求，因此，家长和孩子之间的矛盾和冲突就会出现。

家长最需要改变的，就是一定要把孩子当成一个完整的人来看待，尊重他们发展的愿望和兴趣，创造一个民主平等的家庭氛围和环境。要让孩子觉得自己受到了尊重，进而可以表达出自己内心的一些想法。只有这样，孩子才能发展成一个正常、健康以及快乐的人。

我建议在家庭教育中，要让孩子有充分表达意见和建议的机会、参与家庭决策的机会；鼓励孩子主动思考、大胆做事、有兴趣追求；形成读书

的家庭氛围和习惯；承认个性差异，关注孩子的进步与发展，不盲目与别的孩子比较；家长要成为孩子做人做事的榜样。此外，家长也要充分参与学校的教育活动。

陈志文：现在的孩子很容易发生一些极端事件，您觉得是什么原因？

孙先亮：对此，我也在思考。极端事件背后的真实原因，我认为是我们缺失了对孩子真正的理解和尊重。每个孩子都有自己独立的人格，有自己的尊严，有自己的内在发展诉求，但是家长和学校往往不考虑这些，只关心成绩，认为考不上好大学就是失败。长期在这种环境的压抑下，孩子们有时就会爆发出内心的强烈反抗和压抑情绪，从而产生一些极端事件。

这次疫情之后，大家都在讲生命教育。我认为生命教育的根本不是口头的宣讲和文字性的教材，而是尊重生命的教育。让每个人得到尊重，让每个人有表达的机会，让每个人有彰显才华和能力的机会，学校要营造这样的教育环境。在这样的环境下，孩子们自然就不会感到压抑，也就不会出现极端事件了。

归根结底，还是我们的评价标准简单了，教育观念落后了。在当今时代，孩子一方面要面对开放的社会环境，一方面要面对压抑的教育环境。如果采用统一的评价标准就难免会产生冲突和矛盾，引发一些问题。因此，我们要对孩子进行差异化评价，不能按照统一的标准和模板去框住孩子。

陈志文：近些年，"以学生为中心"的教育理念常常被提起，但能真正做到却很难。您认为它的难点是什么？另外，教育也必须要有规矩，如何把握教育过程中自由和规矩之间的度？

孙先亮：以学生为中心、从学生出发，应该是现代教育必须遵循的基本原则。以学生为中心，就是要解放学生、给学生以自由。在实践过程中，这一原则落实的关键难点在于，传统的教育观念和思维方式根深蒂固，人们习惯于将学生看成白纸或白板，而不是站在具有潜质和发展需要的学生角度思考和设计教育。

无规矩不成方圆，教育也是如此。但是规矩的意义在于为学生的自主发展提供基本边界和保障，而不是为了约束学生的自由发展。在发展自由与规矩的度的把握，二中的原则就是控制底线、开放空间。也就是说，二中为学生言行划定了四条底线：法纪底线、道德底线、健康底线、安全底线，只要学生的行为不违犯四条底线，学校都是学生的发展空间。

陈志文：今天，我们再次强调劳动教育，从您的角度看有什么特殊意义？如何去落实劳动教育？

孙先亮：劳动是人类生存和发展的一项技能。我们必须重视劳动，但不能把劳动简单地标签化。随着社会的发展，劳动的形态也在发生着改变，体力劳动和脑力劳动都是劳动。

帮父母做家务，到田园进行劳作，到工厂帮工，这些是劳动；同时，学习，参与科技创新活动，参加社会实践、志愿者活动，也是劳动。我们应该以更加宽泛的视角去思考和认识劳动。在劳动的过程中，一定要让孩子亲手去做，去独立思考和解决问题，这是劳动教育的内涵。

陈志文：我觉得劳动教育与素质教育一样。首先要明确意识；其次在推进的过程中一定要让孩子去思考，否则劳动教育的意义就会打折扣。劳动本身就是一种淬炼，可以提高我们基本的意识和认知。

六、好校长并非培养出来，而要靠校长的自觉与领悟

陈志文：您是从老师做起，然后做副校长，最后做校长。不同的岗位，给您带来了哪些不同的感受？

孙先亮：首先，思考问题的视角不同。以前做教师、副校长时，只是思考某个专业、某个具体分管的工作，而现在做校长就要面向全体，考虑全局。

其次，学校的总体发展等问题是需要校长思考的，比如，怎么用制

度、机制和文化等要素推动学校发展。

陈志文：那么，您觉得一位优秀的校长应该具备哪些素质？应该如何培养？

孙先亮：好校长的素质包含很多方面，卓越的学习能力、思维能力、决策能力、执行能力、创新能力等，但我认为校长最重要的能力还是创新能力，创新是现代学校发展的关键和灵魂，也是校长理想信念、使命感、责任感以及其他能力的最终体现。

校长发展涉及多种能力的锻造，是系统工程，好校长并不是刻意培养出来的，更要依靠校长的自觉与领悟。如果说为校长发展做一些事情，以下方面很有必要：

一是为校长提供增长见识的机会，如去名校或者国外学校的学习交流；二是提供多岗位锻炼的机会，以对学校全面工作有宏观上的认识和把握；三是高端跟岗实习的机会，与优秀的校长进行深度交流和学习；四是与著名企业家进行管理理念与创新思维交流与实践的机会。

陈志文：您比较欣赏的校长有哪些？

孙先亮：有很多校长都有自己独特的办学思考和实践，都值得我学习。我非常赞赏唐盛昌校长。无论是他对学校发展高度的把握，课程体系的打造，以及国际化的推进，还是在理念、管理、探索、实践等方面，都非常值得我学习和借鉴。

陈志文：我也非常认可唐校长，他的专业性非常好，格局和高度是少有的。

孙先亮：是的。

陈志文：您进二中是 1987 年，到今天已经 30 多年了，如果将 1987 年的二中和现在做个对比，您觉得有哪些变化？

孙先亮：我在基础教育领域工作了 30 多年，一直没有离开过二中，可以说是二中发展的经历者、参与者、决策者、实践者，见证了二中从岛城及齐鲁名校，成为全国名校的过程。

在我看来，30多年来二中最大的变化，就是真正实现从传统的升学教育到现代素质教育的转型，并且逐步迈向教育现代化。

刚到二中时，实话讲，我觉得二中还是以升学为主要目标和方向的一所学校，只是比一般学校更加开放一些。下午三点半之后就放学了，学生们各自学习、锻炼，或者参加一些课外活动小组。

而今天，青岛二中完成了转型，已经从以升学为目标转向了素质教育，正在向现代教育迈进，在目标、方向、育人的模式及内涵上比以前更加丰富、开放、多样化。

陈志文：如果再给您5到10年时间，您希望把青岛二中办成一所什么样的学校？

孙先亮：假如再给我5到10年的时间，我希望能把青岛二中办成一所在国内处于绝对领先的，在国际上有很高影响力和知名度的学校。我想把素质教育做到极致，希望青岛二中的理念和文化能够不断影响更多的学校和学生，所以青岛二中在2019年建立了教育集团。

未来，我希望不用升学率来评判学校，学校能够因教育本身的意义而受到老百姓的称赞，得到社会的认可。

七、教育应该让孩子走进社会，认识社会，理解社会

陈志文：如果跳出青岛二中校长的角色，作为一位对基础教育有深刻理解的专家，从您的角度看，新中国成立70年来我们的基础教育获得了哪些突出成就？还有哪些难题？

孙先亮：成就巨大！普九方面，义务教育数量与质量有极大提高；高中阶段教育基本得到普及，教育质量逐步提升；新课程实施与素质教育的理念产生更广泛的影响；教师的专业素养和教育能力有了长足的进步；办学条件有显著改善。

当然，还有难题：一是教育理念和模式相对比较落后；二是发展素质教育存在很大差距；三是教育现代化存在较大差距；四是教育公平与发展质量存在不平衡现象。

在这里，我也想简单谈一下目前素质教育发展中出现的几个问题：

首先，我觉得素质教育的概念还没有真正落地。很多人认为，简单开设一些艺术课、体育课就是素质教育，而且很难从这样的观念中跳出来。

其次，我们目前的基础教育还是考什么教什么，以高考为指挥棒、为圆心。学校不是根据学生需要什么去做什么，而是根据高考需要，根据考试需要进行调整。这种不以学生为核心的教育，显然无法满足学生的发展需要。

这些年，我们的基础教育在办学条件上确实有了改善，办教育集团，大规模扩招，但并没有解决好质量的问题。现在很多新课程的内容没有落地，素质教育不能通过课程这一载体真正内化为学生可持续发展的要素。

陈志文：那么，对于中国基础教育的发展，您有哪些建议？

孙先亮：总的来说有三点：第一，中国的教育应该从国家层面设计素质教育的分类推进方案。比如，西部地区、中部地区和东部地区有各自不同的资源和条件，在推进素质教育方面要有不同的要求。

第二，高校的招生录取选拔政策可以进行一些调整。目前的调整我觉得是不够的，因为还无法真正解决指挥棒的问题。

第三，希望国家能够把新课程改革的推行过程变成一种常识性且具有法律约束力的政策，而不是可做可不做，可干可不干的政策。新课程改革关系到学生的未来和中华民族的未来，不能成为一种软性政策，必须进一步强力推进和实施。

陈志文：此次的疫情给中国教育带来一些冲击和改变，对此，您怎么看？

孙先亮：这次始料不及的疫情，对我们的教育是一次极大的考验，也检验了学校给孩子培养的各种素质。在这期间，我也对教育进行了一些深度思考。

第一，学校要改变传统的教育环境，改变大一统、三点一线的教育方式。在教育中要重视生命的价值，创造尊重学生的平等民主、支持学生个性发展的环境，真正将学校办成一个能让学生获得更好发展和提升的平台，让学生能够快乐健康地成长和发展。我相信，这样的教育是对每个生命最大的尊重。

第二，要利用现代技术来变革我们的课堂教学，这一点已经刻不容缓。在这场疫情面前，青岛二中的"互联网＋教学"成效显著，山东省教育厅官方平台在第一时间发布了青岛二中的互联网教学案例及成效。只有面向未来，我们的教育才能真正把握住机会。无论是人工智能还是互联网，未来这些技术一定会走进我们的教育，并且改变教育的形态。

第三，学校必须把学生的自主发展当作核心任务。这次居家学习，就是看学生有没有自我规划、自我约束以及自我实施能力。我们强调孩子的独立和自主，主要是为了他们在没有人管理的环境下能够更好地生活、发展，更好地创建自己的未来。其实，自主能力是每个孩子自身都具备的一种潜质，我们需要做的就是解放孩子，给他们自由，让他们对自己的未来发展做出判断和选择。

此外，我们的教育应该让孩子们更多地走进社会，让他们认识社会、理解社会，进而更好地为未来社会作出自己的贡献。

结　语

　　2019年新中国成立70周年之际，为回顾展示新中国基础教育成就、探索未来中国教育的发展之路，在相关部门的支持下，我先后采访了15位中学校长以及前中国教育学会会长顾明远先生。

　　这些著名中学的校长，既是优秀的基层工作者，又有着超越基层工作者的视野与思考，每一个人就是一本丰富的新中国教育史，也是一部优秀教育工作者的成长史。和他们的对谈，让我对基础教育的认知更为丰富和深刻。

　　因为我个人的拖延，以及疫情的影响，今天才结集出版，是唯一遗憾的地方。

　　最后，向顾明远先生与这15位校长表示感谢，也向为这本书出版作出了重要贡献的相关人员表示感谢！